历史的丰碑丛书

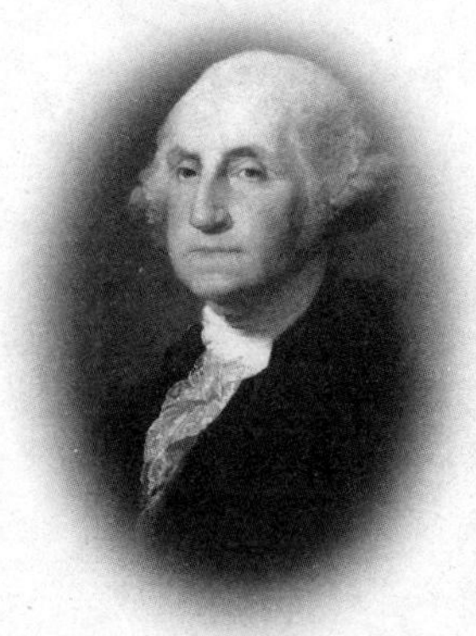

政治家卷

美利坚开国元勋
华盛顿

赵海月

吉林人民出版社

图书在版编目(CIP)数据

美利坚开国元勋——华盛顿／赵海月编著．— 长春：吉林人民出版社，2011.4（2021.8 重印）

（历史的丰碑丛书）

ISBN 978-7-206-07589-6

Ⅰ．①美… Ⅱ．①赵… Ⅲ．①华盛顿，G.（1732～1799）—生平事迹—青年读物②华盛顿，G.（1732～1799）—生平事迹—少年读物 Ⅳ．① K837.127=41

中国版本图书馆 CIP 数据核字 (2011) 第 039417 号

美利坚开国元勋 华盛顿
MEILIJIAN KAIGUO YUANXUN HUASHENGDUN

编　　著：赵海月
责任编辑：桑一平　　　　封面设计：孙浩瀚
制　　作：吉林人民出版社图文设计印务中心
吉林人民出版社出版 发行（长春市人民大街7548号 邮政编码:130022）
印　刷：北京一鑫印务有限责任公司
开　本：787mm×1092mm　　1/16
印　张：8　　　　字　数：72千字
标准书号：ISBN 978-7-206-07589-6
版　次：2011年4月第1版　　印　次：2021年8月第2次印刷
定　价：35.00 元

如发现印装质量问题，影响阅读，请与出版社联系调换。

编者的话

欲知大道必先知史。

回溯人类的足迹，人们首先看到的总是那些在其各自背景和时点上标志着社会高度和进步里程的伟大人物。他们是历史的丰碑，是后世之鉴。

黑格尔说："无疑，一个时代的杰出个人是特性，一般说来，就反映了这个时代的总的精神。"普希金说："跟随伟大人物的思想是一门引人入胜的科学。"

作为 21 世纪的继往开来者，我们觉得，在知史基础上具有宽广的知识结构、开阔的胸襟和敏锐的洞察力应是首要的素质要求，而在历史的大背景中追寻丰碑人物的思

◆ 历史的丰碑丛书

想、风范和足迹,应是知史的捷径。

考虑到现代人时间的宝贵,我们期盼以尽量精短的篇幅容纳尽量丰富的信息,展现尽量宏大的历史画卷和历史规律。为此,我们编撰了这套丛书。

编撰丛书的过程,也是纵览历代风云、把脉伟人心路、吸收历史营养的过程。沉心于书页,我们随处感受着各历史时期制高点上的人物和由伟大人物顺应时势体现、推动历史的人类征服力量。我们随着伟人命运及事业的坎坷与辉煌而悲喜,为他们思想的深邃精湛、行为的大气脱俗而会意感慨、拍案叫绝。

然而,在思想的远游和精神的享受的同时,我们也随之感受到历史脚步的沉重和历

编者的话

史过程的曲折。社会每前进一步都是艰难的，都伴随着巨大的痛苦和付出，甚至伴随着血污和秽气。历史的伟大在于它最终走向进步，最终在血污中诞生了鲜活的"婴孩"。

历史有继承性和局限性，不能凭空创造。伟人也有血肉，他们的思想、行为因此注定了同样具有历史的局限性和阶级的、时代的烙印；他们的功业建立于千千万万广大人民群众伟大创造的基础上。历史是人民群众创造的，高低有差的丰碑人物们是历史和时代造就的。同样，我们也无法否定此间他们个人的努力和素质的作用。这也正是我们编撰这套丛书的目的。

我们期盼着这套丛书得到社会的认同，对读者，特别是青少年读者之历史感、成就

◆ 历史的丰碑丛书

感和使命感的培养有所裨益。史海浩瀚，群星璀璨。我们以对广大青少年读者负责的精神，精心遴选，首批推出思想家、政治家、科学家和文学艺术家4卷100本，以后再适时增出。欢迎批评、指正。

历史的丰碑丛书

编委会

策　划：胡维革　吴铁光
　　　　林　巍　冯子龙
主　编：胡维革　邢万生
副主编：贾淑文　谷艳秋
编　委：（按姓氏笔画为序）
　　　　于二辉　刘士琳
　　　　刘文辉　孙建军
　　　　李艳萍　吴兰萍
　　　　杨九屺　隋　军

乔治·华盛顿，美利坚开国元勋，北美独立战争时期的大陆军总司令，美利坚合众国诞生后的第一任总统。

在英法争夺北美殖民地的战争中，他为英国立下了汗马功劳；在争取民族独立的紧急关头，他抛弃安逸的庄园生活，走上了硝烟滚滚的战场；在封建幽魂徘徊于美利坚合众国上空不散时，他竭力使民主制度法律化、事实化；在名声炙手、威望鼎盛之际，他毅然放下权柄，引退还乡。

在挫折失败面前，他懂得如何绕过暗礁险滩，保存实力；在战略估计、战术选择上，他通晓屈伸之道，"静如皎月"，"动如脱兔"；在政治棋盘操弈中，他能以均势求得局势的稳定；在明枪暗箭下，他思考现实行动并且总是想到未来的结局；……

"战争时期最著名的将军，和平时期最杰出的领袖，国人心中最伟大的人物。"这是美国人民对这位"国父"的评价。

目　录

自强自律　　　　　　◎ 012

参军参战　　　　　　◎ 024

蕴韬养略　　　　　　◎ 035

挂帅出征　　　　　　◎ 046

虎口脱险　　　　　　◎ 054

奇兵天降　　　　　　◎ 064

大败英军　　　　　　◎ 073

安抚将士　　　　　　◎ 084

隐退山庄　　　　　　◎ 091

制订宪法　　　　　　◎ 100

总统生涯　　　　　　◎ 107

独树一帜　　　　　　◎ 117

自强自律

> 播种一个行为,你会收获一个习惯;播种一个习惯,你会收获一个个性;播种一个个性,你会收获一个命运。
>
> ——菩德曼

在英国建立的第一个北美殖民地——弗吉尼亚的东部,有一个庄园叫布里奇斯溪庄园。庄园上有一座屋顶坡度很大、屋檐低矮突出的老屋。老屋的两端各有一个大烟囱。

1732年2月22日,就在这座老屋里,伴随着产妇阵痛时的呼喊声,一个活鲜鲜的婴儿呱呱落地了。他,就是乔治·华盛顿。

记得有一位伟人说过:"搬运夫与哲

→华盛顿

学家之间的原始差别要比家犬和猎犬之间的差别小得多，他们之间的鸿沟是分工掘成的。"华盛顿在出生时的第一声啼哭绝不是诗，他的智慧学识、才干、谋略和人格，都是在后天环境和教育的影响下，通过自己的努力而铸就形成的。

华盛顿出生后不久，他的父亲就把家搬到另一个叫斯塔福德县的庄园中去。新居坐落在一块高地上。高地下有一块绿茵茵的草地。华盛顿就在这座家屋度过了他的童年时代。这块绿茵茵的草地则是他的游戏园地和早年的体育活动场所。

华盛顿的父亲奥古斯丁，早年曾就学于英国，学识比较渊博，眼界也很开阔。为了及早地开发孩子的心智，在华盛顿刚刚懂事的时候就送他到附近一所最

← 华盛顿与父亲

好的学堂去接受一些初步教育。当时民间把这种学堂叫做"老式学堂",它只教给孩子们一些简单的科目,如识字、算术等技能。

学校的教育具有正规速成性,家庭教育则具有潜移默化性。除了老师的启蒙外,家庭的环境对华盛顿的发展影响颇大。从一定意义上讲,家庭是人们永不毕业的学校。"少成若天性,习惯成自然"。

在家庭中,对华盛顿影响最深的主要有3个人:父亲奥古斯丁、母亲玛丽和同父异母的哥哥劳伦斯。父亲奥古斯丁修养极好,他经常在智力上和道德上给华盛顿以熏陶。

母亲玛丽是一个正派的美人。她深明事理,办事认真,而又能当机立断,治家甚严,但又十分慈祥。她虽然最喜欢华盛顿,但从来不给他以不应有的特殊待遇。华盛顿的急躁脾气和威严的气派有母亲的影子。母亲的教育和榜样也

→华盛顿的母亲

使华盛顿懂得：必须控制自己的脾气，平等待人，处事公道。

同父异母的哥哥劳伦斯，是华盛顿父亲的前妻所生。她在劳伦斯长到10岁时就去世了。劳伦斯在15岁左右的时候，父亲按当时的风气把他送到英国去完成学业。20岁左右的时候，劳伦斯从英国学成归来了，不久他又以青年人的火热胸襟参军参战，谋得了一个上尉的位置。华盛顿把富于男子气概的有教养的哥哥看做是在学识和风度方面都值得学习的楷模。

← 华盛顿的哥哥劳伦斯

在这里，我们可以看到华盛顿少年时代富有军人气质的秘密：他亲眼看到哥哥整备行装奔赴战场；他从信中和其他渠道听到一些战斗故事，就仿佛自己也置身其中；在游戏玩耍时，他把同学们变成自己的士兵，自任总司令，进行模拟阅兵、演习和假想战斗。

西印度群岛的战事结束了，劳伦斯在1742年秋天回到家中。战争的紧张暂时抑制了这位青年应有的谈情说爱的本能欲望，而一回到如诗如画的田园生活中，这种爱欲就不可遏止地爆发了。他爱上费尔法克斯县的威廉·费尔法克斯先生的长女安妮。不久，两位对未来生活充满了美好憧憬的青年人便订了婚。田庄间、小河旁、树底下，到处可见这对恋人的翩翩身姿和依偎的倩影。

就在两位青年人为结婚作准备的时候，父亲奥古斯丁于1743年4月12日病逝。7月间劳伦斯与费尔法克斯小姐举行了婚礼。劳伦斯把父亲遗嘱中留给他的那座庄园，取名为弗农山庄，就在那里定居下来。

华盛顿这时才11岁。在失去父亲后，劳伦斯对华盛顿表现了慈父般的关心。他尽量经常接华盛顿到弗

→ 华盛顿童年时代的家

农山庄当做客人款待，并领华盛顿到他的岳父威廉·费尔法克斯先生家去串门。

威廉·费尔法克斯受过高等教育，阅历很广，有过各种各样的冒险经验，思想丰富，老于世故。他住在一个叫贝尔沃的树木葱郁的地方，把殖民地农村的简朴生活和欧洲的幽雅生活融合在一起，俨然一副英国乡村绅士的气派。由于同这样一个家庭的亲密交往，使华盛顿的性格与举止受到了良好的影响。

由于在家里再也得不到父亲的教诲，而原来的学校又不能满足这位少年日益增长的需要，母亲就把华盛顿送到另一所好一点的学校就读。按部就班的学校教育远不能满足他的强烈的求知欲，于是小小年纪的华盛顿便开始了课外自学。13岁以前，他通过自学，掌握了律师们起草文件的技能，养成了商人们随时记账、毫厘不爽的习惯。这些使他终身受用无穷。

体者，载知识之车而寓道德之舍也。像在智力活动方面一样，华盛顿在体育锻炼方面也有严格的律己精神。他经常参加各种各样的体育活动，如跑步、跳高、拳击、掷铁圈和投棒等等，他的体格在襁褓时代就强壮有力，现在，在比灵活、比体力的竞赛中，他又胜过了他的大多数同学。正直诚实的品德、争强好胜的禀性、办事公道的作风、强壮有力的身体，使他很快就赢得了同学们的拥戴。这样，华盛顿在少年时代就表现出他是要担当大任的一类人物。

自古以来，能自强者方可胜人。

华盛顿少年老成，自制力很强。为了使自己举止文雅、行为得体、言语不俗，他给自己制定了一套"待人接物的准则"，并且严格要求自己按照其条文行事。其中有：与人交谈，不可背对着说话人；对别人的成就，不可有妒忌之心等等。这部规则极其周密详尽，就连琐细小事也不放过，几乎达到可笑的地步。这个年龄时期，正是孩童们满地撒野、义气用事、无忧无虑的黄金时期，而他却过早地成熟了。

自有史以来，男女之间的爱恋是最令人动情的幽思，不论何人都难逃它的纠缠。

华盛顿15岁那年，有过一段朦胧的、充满了浪漫情趣的早恋。一位被称为"低地美人"的少女，扰乱了这个英俊少年平静的心境。

在一次舞会上，华盛顿对一位比他年长的少女一见钟情。他被那位少女撩人的眼神、优雅大方的举止、旋转起来轻柔自如的腰肢所牵动。晚上，这位痴情的少男第一次失眠了。然而，他又是一个拘谨的、时时处处遵循着自定的行为规范的少年郎。他内心极度矛盾，不知如何是好，于是这种爱成为难以表白、

美利坚开国元勋　**华盛顿**

←华盛顿

一往情深的单相思。华盛顿在日记里抒发了自己被初恋所捉弄的痛苦。或许那少女把这钟情的少男只当做了不谙事理的小学生，或许是那少女对他的拘谨笨拙、十分尴尬的表白感到可笑，因此华盛顿陷入了一种莫名的羞怯。他在女性面前变得沉默不语，每每举手投足也变得局促不安。据一位当时与华盛顿接触过的女士回忆："他是一位很容易脸红的青年。我当时常常希望他多讲几句话。"华盛顿在给他少年时代的密友罗宾的信中写道："我现在住在勋爵的家里。在这里，如果没有心事的话，我本来可以过得很愉快……因而不能不想起我从前对你来信谈到的那位低地美人的热恋；假如我可以离青年妇女们更远一些，我就可能把那场令人烦恼的童贞的热恋置于脑后，从而在一定程度上减轻我的苦恼。"

哥哥劳伦斯的岳父费尔法克斯勋爵有一项活动，大大减轻了华盛顿失恋的苦痛。勋爵非常喜欢猎狐，并且按照英国的风气养着一群马匹和猎犬。狩猎季节来到，弗吉尼亚这一带野兽很多，但猎狐则需要勇敢和娴熟的技术。勋爵发现华盛顿在马上和自己同样勇敢，而且也一样拼命地追随猎犬前进。于是，勋爵对华盛顿十分有好感，每次都带他出猎。大概正是在这位喜欢骑马狂奔的老贵族的教导下，华盛顿才培养起对跟踪追击的爱好，并在以后以善于追击闻名于世。

由于华盛顿的刻苦自律，使他还不到16岁时，就不再像少年的样子了。他的行为庄重而果断，他的态度坦率而谦逊，他的体魄魁梧而健壮。他早年的自我训练和自己规定的严格的行为准则，使他颇有谦谦君子之风度。每当他诉说自己失恋痛苦的时候，就变得温文尔雅、气度翩翩，反而招来了女士们对他的青睐。

为了摆脱早恋所带来的烦恼，为了把自己锤炼成勇敢果断又能吃苦耐劳的真正男子汉，华盛顿在1748年3月刚满16岁的时候，就接受了费尔法克斯的邀请，翻越蓝岭到西部地区去测量土地。

蓝岭是一座美丽而又神奇的山峰，山顶上白雪皑皑，河谷里春意融融，山脚下是大片大片的良田沃野。华盛顿陪同勋爵的长子纵马驰骋，开始了荒野上的第一次远征。他们一路上风餐露宿，在垦荒者的篝火旁过夜；亲自猎获兽禽充饥，用树枝架起炉灶烤肉，用木片当盘子进食；偶尔还能遇到浑身涂满油彩的印第安人，他们往往手举鲜血淋漓的人头皮作为战利品，跳着奇形怪状的舞姿，高喊尖声怪调的口号，熙熙攘攘地走来。在整个勘测过程中，华盛顿并不是用诗人的眼光，而是用军事家的眼光来观察周围景物的。勘测结束后，华盛顿写了有关这次土地测量的报告书，深得费尔法克斯勋爵的赞赏。在他的大力推荐下，华盛顿被任命为县政府测量员。这样一来，他开始获得了一定的政治地位，权力大门向他微微敞开了。

华盛顿从事这项职业达3年之久。他的测量记录作为权威性资料存入该县各机构的档案。人们发现，他的测量记录总是十分准确，以致直到今天，档案中保存的这类记录还受到绝对的信任。

由于需要测量的地面广袤，而政府在这方面的人手又十分有限，因而3年的野外测量工作，使华盛顿收入颇丰。他外出测量，一天可得7.2美元，多的时候可达21.6美元。他像其他富家子弟一样，筹款买田，在21岁时，就拥有1 000多英亩的土地。可是，华盛顿最大的收获是：青草萋萋、林木葱郁的西部土地激发了他对这片土地的向往和追求；顶风冒雨、披星戴月的野外生活进一步锻炼了他的体魄，也砥砺了他的意志；同农民和印第安人的接触，使他对社会有了更深的了解和体验。总之，测量生活给了华盛顿许多书本上学不到的知识，也培养和焕发了他的实干精神。同时野外的摔打生活也使他彻底地从失恋的痛苦中摆脱了出来，一种干一番大事业的欲望占据了他的心间。

由于坚持不懈的努力，华盛顿在早年时期就有意识地把自己锻炼成这样一个人：不管干什么事情都做

美利坚开国元勋　华盛顿

得既彻底，又贯彻始终。他从来不半途而废，也从来不马马虎虎、敷衍了事。他终生都保持着这样的工作作风。不管遇到多么艰难危险的环境，不管面临多少复杂的任务，也不管多么忧心忡忡，他都能找出时间办完一切应当办的事情，而且办得很好。他好像有一种可以把一切事情都有条不紊地办好的神奇方法，这种神奇的方法本身就可以创造出奇迹。

← 测量土地的华盛顿

参军参战

> 造就政治家的，决不是超凡出众的洞察力，而是他们的性格。
> ——伏尔泰

政治是意志的角力。在通往权力顶峰的道路总是充满危险、挫折、坎坷、困难的。因此，没有坚强的意志就不可能攀登到权力的山巅。

宝剑锋从磨砺出，梅花香自苦寒来。

北美原是印第安人的家园。但在16世纪50年代，英、法由于在北美的领地边界存有争议，相互不让的结果导致了刺刀和炮弹的发言。

在弗吉尼亚，战争的气氛笼罩着天空。这个州划分成若干军区，每个区都需有一个少校级的副官长，每年薪俸是150英镑。他们的职责是负责组织和装备民兵。

当一名军人，是华盛顿的夙愿。经兄长劳伦斯的大力推荐，军方欣然同意了年仅19岁的华盛顿任少校副官。这说明华盛顿已经十分成熟，而且以品行端

美利坚开国元勋 **华盛顿**

正、办事老练赢得了人们的信任。就在这一年,开始了他从军生涯的序曲。

为了更好更快地掌握一些军事要领,使自己成为一名合格的军人,华盛顿开始像通常那样有条不紊地、孜孜不倦地进行学习。在弗吉尼亚的一些流动人口中,有不少是参加过战争的老军人。他们有比较丰富的实战经验,是青年人学习军事的好老师。其中有一位副官叫穆斯,是在西印度群岛战役中,与劳伦斯在一起并肩战斗过的战友。看在劳伦斯的关系上,他自愿向华盛顿传授作战技术,还借给他一些论述军事战术的论文,指导他进行步枪操作练习,并且向他讲解战场上队形的变换。劳伦斯还有一位战友叫雅各布,行伍出身,精通剑术,于是华盛顿又虚心地向他学习击剑,以备后用。

不过,华盛顿的军事学习并没有一直持续下去。由于哥哥劳伦斯的身体一向不大好,他不得不陪着哥

← 华盛顿

哥外出旅行，换换环境。后来，在医生的建议下，患有严重肺病的劳伦斯便带着心爱的弟弟华盛顿到西印度群岛去过冬。

不幸的是，华盛顿在与哥哥一起过冬的期间得了天花，落了一脸不太明显的麻子。更不幸的是，劳伦斯于1752年7月26日去世了。哥哥把弗农山庄留给了他。年仅20岁的华盛顿接连失去了父亲和兄长，悲痛万分，但他很快就抑制了悲痛，全身心地投入到伟大的事业之中。

由于法国人的贪欲越来越大，使英国的利益不断受到侵犯。英国的弗吉尼亚总督丁威迪，决定找一个人去警告驻扎在俄亥俄法军炮台的司令官，要法军停止"蚕食"英国在俄亥俄的土地。他多方物色，想找一个合适的人前去交涉。这个人既要体格健壮，又要威武不屈，既有勇气对付土著人，又要善于同白人谈判。

→丁威迪

美利坚开国元勋 **华盛顿**

华盛顿自告奋勇要去完成这个任务。他在森林地区工作过,适于穿过荒原长途跋涉;他为人谨慎,具有自制力,适于同狡猾的指挥官和反复无常的土著人谈判。经过遴选,总督丁威迪决定派华盛顿去完成这个任务。

华盛顿在整个出使期间,表现得谨慎精明,果断坚定,富于献身精神,而且异常机智、镇定。这次,

←华盛顿受命到俄亥俄地区

华盛顿没能说服法军，但却另有收获。他以军人的眼光，对这个地区的制高点和可以防守的地点以及同军事活动有关的一切细节都观察得细致入微。

华盛顿在严冬季节长途跋涉，不顾雨雪交加，经常露宿野外，时时有遭受背信弃义的敌人袭击之虞，可是他却安之若素、不以为苦。这一切不仅使总督，就连一般的公众也认识到他虽然十分年轻，却是一个

→华盛顿

十分适于担当军政重任的人物。可以说，这次出使为他一生的命运奠定了基础。从这时起，他被人称为"弗吉尼亚的一轮初升的朝阳"。

根据华盛顿在出使期间所得的情报，丁维第总督和他的行政委员会深信，法国人准备在春季沿俄亥俄河顺流而下，在军事上占领那个地区。华盛顿的日记铅印成册，在各殖民地和英国广为散发，使全国都认识到危险迫在眉睫，有必要立即采取措施，打一场有准备之仗。

战争是军人的舞台，也是锻造将才的熔炉。1754年4月，华盛顿再次受丁威迪之命，带领一支分遣队去阻止法国人的"蚕食"行为。据华盛顿说，这支军队的成员大部分都是无家可归、游手好闲的流浪汉，几乎只有他一个人来整治、对付这样一群自由散漫、纪律松弛的新兵。

这支部队历尽千辛万苦，穿过沼泽和森林，越过崎岖的山脉，终于在5月下旬到达了法军的一个前哨营寨。华盛顿制订了一个突然袭击的包抄计划。他走在士兵的前头，悄悄地向敌人逼近。就在华盛顿率领士兵从岩石和树林中向前推进时，被法军发现了。于是，双方马上猛烈开火。华盛顿和他的士兵处于最暴露的位置，子弹像雨点一般打了过来。有1个士兵在弹雨中阵亡，还有3个士兵受伤。华盛顿奋不顾身，迎着呼啸的子弹率众冲锋。法军的队长朱蒙维尔中弹身亡。最后法军在1人受伤、10人阵亡的情况下，溃退逃跑。

华盛顿虽然在这次战斗中旗开得胜，但此时他和他的士兵们却处于极端危险的境地。一是千里劳师，后勤无保障；二是众寡悬殊，续战难以持久。此刻的华盛顿忧心如焚，他一面设法加强防地，一面派出快使请求增援。同时他也下定决心要与阵地共存亡。华盛顿在5月29日写信给丁威迪总督表明了这种心迹。他说："我随时都准备着应付优势敌军的攻击。即令敌我人数比例是5∶1，我也要进行抵抗，因为我担心，如果我们听任自己被赶回的话，后果必然是失掉

→战斗中的华盛顿

美利坚开国元勋 **华盛顿**

驻守「困苦堡」

印第安人的支持。请阁下放心，我决不让敌人打我一个措手不及，他们愿意什么时候来，就什么时候来吧，我保证我至少可以做到这一步。但是我也要尽最大努力取得更大成绩。如果你听说我打了败仗的话，我毫不怀疑，你同时也会听到，我们是尽了自己的职责的，只要有一线希望，我们就要战斗到底。"

华盛顿把自己驻守地修成用栅栏保护的碉堡，以增强抗敌能力。由于修筑碉堡期间人们忍饥挨饿，于是把这座碉堡命名为"困苦堡"。

不久援军开来了，这使华盛顿的兵力增加到了300人。不过，丁威迪还来信说，麦凯上尉很快就要从南卡罗来纳率领一个独立连100人前来助战。

6月10日，麦凯上尉率队到达。这位上尉自恃有英王直接发给他的委任状，认为自己率领的部队是正牌的

政治家卷 031

"皇家军",因而瞧不起华盛顿领导的"地方军"。他另外设置营地,另外布置卫兵,不肯接受华盛顿的指挥及规定的口令和暗号。两支人马很难协调起来。

华盛顿决定继续向前进军。他让麦凯上尉及其独立连留守"困苦堡",而由他率领弗吉尼亚的士兵开始进行艰苦的出征。与此同时,已故的法军队长朱蒙维尔的姻兄德维利埃上尉,已率500多名法军和700名印第安人随从军,从远处开来寻找华盛顿,急于为他死去的弟弟报仇。

在离"困苦堡"13英里左右的吉斯特的居民区,华盛顿得到这方面的情报。他权衡再三,决定向回撤退。时至夏天,天气酷热,道路崎岖,马匹很缺,辎重难运,饭食匮乏。士兵们饥饿不堪,精疲力竭。一直到7月初,他们才回到"困苦堡"。

麦凯上尉在驻守期间并没有采取任何措施来加固碉堡。这座碉堡大约有100英尺见方,周围有壕沟和围栏,坐落在一条小溪的边缘上,周围是绿草如茵的平原和不很高的小山。小山上树木蓊郁。为了迎敌,华盛顿努力扩大和加固"困苦堡"。他没有要麦凯的军队帮忙,而是和他的弗吉尼亚士兵一起劳动,把树枝砍掉,把树干滚在一起,堆成胸墙。

7月3日清晨,当华盛顿和他的士兵在加固碉堡的

美利坚开国元勋 **华盛顿**

←阵地上签署文件的华盛顿

时候,一个浑身是血的哨兵跑了进来,说他发现了敌人。不久以后,侦察兵回来报告说,法军大举出动,就在大约4英里以外。华盛顿把他的士兵布置在工事外面的平地上,等候法军进攻。11点左右,法军有人从高地树丛中射击,但距离尚远,伤不着人。华盛顿疑心这是敌人的诡计,目的是想把他的士兵引到树林中去。他命令士兵保持镇静,等敌人走近时再开火。

可是法军一直不露面,只在隐蔽处向外射击。这时,华盛顿让士兵们退入战壕,命令他们只要看到敌人就可以射击。这样,整个白天,双方一直小规模地对射。法军在树木掩护下尽可能逼近。最近的地方在

华盛顿与克里斯托弗在阿勒格尼河要地

60码开外，但从来没有走到空旷地带。接近傍晚，大雨倾盆而下。困苦不堪、体力难支的士兵在战壕里淋成落汤鸡，许多滑膛枪在雨中已无法使用。

看来，在法军人数占优势的情况下，继续抵抗，只能坐以待毙。最后，华盛顿在人员伤亡越来越多的情况下，接受了法军提出的条件，率部撤出"困苦堡"，回到弗吉尼亚。

虽然华盛顿这次吃了败仗，但他却获得了实实在在的军事经验。艰苦的作战，险恶的环境，无情的流血，不但锻炼了他的意志，更增长了他的智谋。实践出真知，斗争长才干。一个"泰山崩于前而色不变，麋鹿兴于左而目不瞬"的将官形象已具雏型。

美利坚开国元勋 **华盛顿**

蕴韬养略

> 书本是培养不出领导人的。书本可以帮助人们进步，但它本身培养不出领导人。领导工作人员只能在工作过程中成长起来。
>
> ——斯大林

1755年，在北美的土地上爆发了长达7年之久的英法战争。印第安人的美丽家园，成了欧洲两个列强争夺的场所。

战争开始时，华盛顿热切地盼望着有机会在一个组织严密、纪律严明的大兵团中和大家公认为战术家的司令官的参谋部中，进一步地获得军事经验。英军布拉多克将军邀请他充当上校副官，他欣然就命。

布拉多克将军是一位经验丰富的军人，在英国皇家禁卫军中任职40年以上。但是，他的经验是欧洲军队常规训练的

← 布拉多克将军

政治家卷 035

经验，和北美的特殊情况所必需的机动灵活的作战是不相适应的。他所要求的军人的准确性，在阅兵式中也许蔚为大观，但在荒野中却经常妨碍人们相机行事。在1755年夏季的远征中，华盛顿根据自己的作战经验，向布拉多克将军多次建议，在北美丛林中，不能采取英军在欧洲的传统战法。但是布拉多克将军拘泥不化、墨守成规、固执己见，而不是因地制宜、随机应变。华盛顿说："我发现，在道路多少有些崎岖不平的情况下，他们不是奋力兼程前进，而是每遇到一个小丘，就停下来加以铲平，每遇到一条小溪，就停下来搭桥，这样，我们花了4天时间才走了12英里。"由于墨守技术准则和军事规程，布拉多克将军花费了一个月时间，才走了100英里多一点。进军速度如此迟缓，就是在欧洲，人们也会感到惊惶和不耐烦

→欧洲传统战法线形战术

美利坚开国元勋 **华盛顿**

的。

7月9日拂晓之前，在判断前方有敌人的情况下，布拉多克将军仍不讲实效，继续导演他的欧洲战法。到日出时分，主力部队穿着整齐的军服、扛着昨晚擦亮的钢枪出动了。军官们

←华盛顿雕塑

都是全副装备，大家看起来仿佛都是准备去参加宴会，而不是准备去参加战斗。为了让敌人看到英军的威武雄壮，将军命令军队要秩序井然，有条不紊地行进。在初升的太阳的照耀下，军旗飘扬，鼓笛齐鸣，刺刀闪光。士兵们应和着"掷弹兵进行曲"，整齐地列队向前。下午将近两点钟，正当先头部队向一片逐渐隆起的高地上爬的时候，突然枪声大作，喊声喧天。英军猝不及防，顿时乱做一团。由于法军和随从的印第安人都在暗处射击，因此，布多拉克的士兵们只能根据他们的魔鬼般的喊声和他们的步枪上冒出的阵阵青烟，才能看出他们在哪里。他们在慌乱中胡乱射击，把自己的侧翼掩护小队的一部分人员和退却下来

的一部分前卫人员都打死了。不到一会工夫，先头部队的大部分军官和士兵，就死的死，伤的伤。更可气的是，炮手们要么吓瘫了，要么逃跑了。

坚信欧洲战法的布多拉克这时仍然执迷不悟。他还是把部队分成连排，列队前进。结果他们一前进，就被敌人从原木和树林后面开枪打死。甚至前排的士兵被自己后排的士兵击中倒地。不少士兵在没有命令的情况下主动藏到树后作战，将军却对他们大发雷霆，骂他们是胆小鬼，甚至用指挥刀把他们砍伤。兵败如山倒。布拉多克将军在努力阻止士兵逃跑中，被一颗子弹射中倒于马下，于是全军崩溃了。这位执拗的将军在临死前先后喊了两声："谁能想到呢！""下

↑马背上的乔治华盛顿于莫农加希拉战役

美利坚开国元勋　**华盛顿**

← 布拉多克战败撤退

一回我们就知道该怎么对付他们了！"

在这次战斗中，华盛顿始终表现得既勇敢，又镇静。他的两位副官在战斗一开始的时候就挂了彩。因此，传达将军的命令的整个责任就落在了华盛顿的肩上了。在枪林弹雨中，他跑遍战场上的每一个角落。他骑的马有两匹被打死，有4颗子弹穿透他的外衣。在战争如此惨烈的状态下，华盛顿本人毫发无伤，几乎可以说是奇迹。

华盛顿回到弗吉尼亚，声威大振，头角崭露。他在这次战斗中英勇无畏的表现，再次赢得总督丁威迪的赏识。于是，他委任华盛顿为弗吉尼亚民兵总司令，负责保卫弗吉尼亚西部的边境。

值得指出的是，华盛顿早期的威信并不是光辉成就的产物，也不是辉煌胜利的结果。相反地，他的威信是在艰难困苦和军事挫折当中提高的，差不多可以说是打败仗的结果。但是，他那些经得起考验的、优秀的品质，在逆境中值得钦佩的表现，以及在各种场合所表现出来的远见卓识和讲求实际的智慧，却得到了普遍公认。大家都说，如果不幸的布拉多克将军当初采纳了华盛顿的意见，那次战役本来可能有完全不同的结局。

失败是成功之母。华盛顿根据过去的屈辱经验，深信现行民兵法不符合实际需要，他要求修订民兵法。经过他的积极争取，弗吉尼亚议会通过决议，规定立即实施军法，对不服从命令的人员、哗变分子和逃兵严加处治；提高指挥官的权威，使他不仅可以要求士兵服从命令和遵守纪律，而且可以要求军官服从命令和遵守纪律；在紧急时期，为了公众的安全，指挥官还可以征用私人财物和劳务。有了这把"尚方宝剑"后，华盛顿开始着手补充自己的军队，不断地确立自己被明文所规定的权威。他发布命令，严禁赌博、酗酒、争吵、咒骂和类似的过分行为，违者严惩不贷。在训练自己的士兵时，他不仅要求他们学习通常的正规战术，而且要求他们学习印第安人的战法和所谓的"丛林战术"。经过华盛顿的大力整治，他的部

美利坚开国元勋 **华盛顿**

← 华盛顿雕塑

队焕然一新，凝聚力、战斗力大大增强了。

在长年的戎马生活中，华盛顿无暇考虑个人的生活问题。眼下他已是二十四五岁的大龄青年了，但爱神丘比特还未前来扣响他的心扉。1756年夏，华盛顿率领一小队南方军官，前往费城、纽约、波士顿拜望英军总司令部等各方面军界要人。华盛顿身着考究笔挺的贵族军服，腰间系着银光闪闪的佩剑，骑着高头大马……好一派英俊武士的潇洒气概！一路之上引来许多钦敬的目光，当然也更使女性们为之动情。在纽约的一次宴会上，美貌倾城、家资万贯的玛丽·菲利普斯小姐使华盛顿神魂荡漾了。内心里的爱火已经炽热地燃烧起来，然而他还是有些拘谨，未及开口脸先红。怎样才能打动这样一个上层社会的高贵女

→华盛顿的妻子玛莎·华盛顿

郎，他十分缺乏情场上的"战术训练"。尽管他为此两次前往纽约，但是在这次艰苦的"攻坚战"中，他还没有来得及向那位小姐发出令其"投降"的最后"通牒"，就不得不主动撤退了。因为温彻斯特战事告急，他只得把儿女之情置于脑后而奔赴沙场。待华盛顿平息了战争，返回身来再次求爱时，这朵名花早已被另一位潇洒风流的莫里斯上尉捷手先采了。华盛顿又一次陷入了失恋的痛苦之中，他沮丧至极。

这次情场败北的教训是值得汲取的。后来，在一次赶往威廉斯堡完成公务的途中，华盛顿被朋友邀去吃午饭，偶然遇到了年轻漂亮的寡妇玛莎·卡斯蒂斯夫人。这位夫人虽然身材矮小，但长得娇美动人，一双

←华盛顿第一次遇到玛莎

含情脉脉的眼睛,一头蓬松柔美的暗褐色头发,使她具有南方美人那种迷人、坦率的可爱风度。卡斯蒂斯夫人婚后不到3年,丈夫便死去了,身后留下了大宗财产和两个年幼的子女。华盛顿被这位寡妇那种淡淡的哀伤和腼腆多情所打动,再一次陷入情网。他的这次行军,一反常态,变得磨磨蹭蹭。随后,他又多次前往卡斯蒂斯夫人的寓所求婚。在众多人的求婚中,声名赫赫的华盛顿上校当然占据着不可比拟的优势。为了避免重演纽约情场上的悲剧,华盛顿与卡斯蒂斯夫人海誓山盟,订下婚约,一等夺取迪凯纳堡的战役结束,就举行婚礼。

1758年7月,华盛顿率兵进发。当时他的士兵得

→ 向玛莎求婚的华盛顿

美利坚开国元勋 **华盛顿**

到的军服很少,天气又热得叫人喘不过气来。在行军中,华盛顿想出了一个主意,叫士兵们都穿上印第安人的轻便猎装,连他自己也穿上这样的猎装。华盛顿自己后来写道:"我承认,军官穿这样的服装是不合适的;但是,我认为,实用重于美观。"这个试验很成功,后来在战争中经常穿用的美国步兵服大概就是源于此。11月25日,华盛顿攻占迪凯纳堡以后,法国人在俄亥俄河上的统治就结束了。

华盛顿从前线回来不久,即与卡斯蒂斯夫人践行婚约。按照弗吉尼亚古老的传统风俗,他们举行了婚礼。这个高朋满座、喜气洋洋的美好日子是1759年1月6日。当时,华盛顿刚好27岁。

←乔治及玛莎的结婚典礼

挂帅出征

> 要真正地明智，单知道幸福地生活在中庸状态中还是不够的，一定要懂得在事到临头时，冷静地舍弃一切。愈能舍弃，愈是英雄。
>
> ——拉美特利

1759年，西部无战事。华盛顿决意辞去军职，回家从事庄园经营。他婚后有3个月居住在新娘子的家中。在这期间，曾到威廉斯堡去就任市民院议员，受到热烈欢迎。议长代表这个殖民地，发表了热情洋溢的讲话，感谢他为保卫家乡所做的一切。

华盛顿站起来致答词时，面红耳赤，身体颤抖，嘴里嗫嗫嚅嚅，讲不出一句话来。议长笑着说："请坐下，华盛顿先生。您的谦逊可以与您的英勇媲美，而这是我的全部语言所无法形容的。"华盛顿第一次参加政治生活就是这样的表现。在市民院开会期间，他经常参加会议讨论，在会议闭幕以后，他就领着新娘回到弗农山庄去居住。

华盛顿本来就很富有，结婚后新娘子又带来了10

美利坚开国元勋 **华盛顿**

↑华盛顿位于弗吉尼亚州的庄园弗农山庄

万美元以上的财产。因此，现在的华盛顿过着一种非常富裕豪华的生活。他有一辆由身穿号衣的黑人车夫驾御的四轮马车，供夫人和女宾使用，他自己总是骑马。他的马厩里马匹成群，且都是第一流的良种马。此外，他还有大批黑人奴隶从事家务劳动和庄园农作物的种植。

华盛顿在经营庄园的过程中，像在军事生活中一样有条不紊，一丝不苟，积极主动，审慎精明。他亲自记账、过账和结账，不许有一星半点的差错。他对待黑奴很和气，但决不允许他们偷懒。

在闲暇的时间里，华盛顿打猎、看戏、跳舞、赴宴等。由于他名扬海内，不少人前来弗农山庄拜访他，他早年的一些战友偶尔也来作客。他靠着结交的朋友和各种关系，和各地不少知名人士保持联系。他结婚以后没有子女，但是他像亲父亲一样关心和爱护夫人的子女，十分注意培养他们的良好思想和品行。在这样的环境和情况下，华盛顿度过了好几年安宁愉快的时光。不过，他决不让庄园事务和社交娱乐妨碍公务活动，在担任市民院议员期间，为了处理公务常常不能回家，因为不管交给他什么任务，他都要一丝不苟地来完成。

但是，时局政局在发酵似地变化，扰乱了北美所有庄园主的发财梦。在时势的感召下，华盛顿注定要

→华盛顿和孩子们

离开他的平静家园，投身到比他以前从事过的任何活动都要更加宏伟、更加广阔的舞台当中去。

波澜的掀起源于宗主国与殖民地之间的必然矛盾。任何殖民帝国决不会允许它的殖民地发展独立的经济。对宗主国来说，殖民地只能是它的原料产地和商品销售市场。当时英国的政治家埃德蒙·博克就说过，英国对殖民地的政策一开始就纯粹出于商业动机，而它的商业政策则完全是限制政策——"这是一种垄断制度"。因此，不摆脱英国的殖民统治，北美资本主义经济就不能得到进一步的发展。

华盛顿过了16年的庄园生活，对于英国在北美的殖民政策越来越感到不满。英国殖民当局对航运和对外贸易的严格控制，打击了包括他本人在内的烟草种植者。华盛顿对西部土地的追求，也因英国王室的殖

← 华盛顿与黑人奴隶

民政策而破灭。1765年，在没有北美人民代表参加的英国议会，颁布了《印花税法》，规定北美的一切文件，包括书刊杂志、文书契约，甚至大学毕业文凭都要缴税。这一切使北美殖民地和英国的矛盾进一步激化，反英怒潮风急浪涌。华盛顿参加了反对印花税的抗议集会，在弗吉尼亚抵制英货的协议上签了字。但此时的华盛顿还未在群众运动中发挥重要作用，他仅像一只雄鹰那样，在弗农山庄的鹰巢中一声不响地警惕地观察着事态的发展。

1773年12月16日，波士顿的一些热血青年化装成印第安人模样，趁着夜色，悄悄地登上英国东印度公司运载茶叶的商船，把342箱茶叶全部倒入大海。此事发生后，英国统治者颁布了五项被称为"不可容忍法令"的高压法令，妄图以高压政策，迫使北美人民

→波士顿倾茶事件

美利坚开国元勋　**华盛顿**

↑第一届大陆会议

低头就范。但是，事与愿违，压迫愈重反抗愈烈。

华盛顿的思想，在人民爱国热情的熊熊烈火的烘烤下剧烈地变化着——由开始的犹豫不决转变为斩钉截铁。他说："我打算招募一千人，由我个人负担一切费用，开拔到波士顿，驱逐英军出境。"

1774年9月5日，第一届殖民地大陆会议在费城召开，华盛顿作为弗吉尼亚议会的代表，身穿戎装参加。会议上，大多数代表反对同英国决裂，只主张向英王请愿，希望用和平方式解决矛盾，华盛顿则主张殖民地和宗主国完全决裂。

特殊的身份和资历在某些情况和特别场合下，对于造就领袖人物会起到微妙的作用。1775年4月19

一、第二届大陆会议

日，莱克星屯打响了美国独立战争的第一枪。搜查民兵军火库和抓捕民兵领导人的英军，被那里的民兵打得落花流水，狼狈逃窜。长期引而不发的霹雳终于自天而降，革命风暴席卷全国。5月10日第二届大陆会议召开，出席会议的代表反复考虑总司令的人选问题。由于政治上的原因，考虑必须任命一位弗吉尼亚人。因为让他来担任最高的军事指挥，就能使南北双方携起手来，使北方的工商业资产阶级和南方的种植园主一起领导这场战争。华盛顿既是南方人，又是一个富裕的种植园主，条件具备。除此之外，还由于他曾有过一段抗击法军的经历，具备军官的才能和经验，再加上他拥有大量的财产和高尚公正的品格，因此他比代表中任何其他人更容易团结殖民地人民同心协力地奋斗。会议经过认真讨论，一致选举华盛顿为大陆军总司令。

这样，为了民族的独立事业，华盛顿抛弃了自己养尊处优的生活，离开了自己所热爱的家人和亲友，义无反顾地走向了战场。他在给妻子的信中写道："你可以相信我这番话。我在家中和你在一起生活一个月所得到的真正幸福，比我在外面呆七七四十九年可以十分渺茫地希望找到的幸福都多。但是，既然某种命运安排我担任这一职务，我也就希望我担当这一重任是上天有意要我完成某种有意义的使命……"

6月20日，大陆会议正式委任华盛顿为大陆军总司令。时当盛年的华盛顿，相貌堂堂，一表人才，风度雍容高贵，举止安静威严。当他以军人的气派骑在马上的时候，无论走到哪里，都引来一片赞叹和欢呼声。

← 华盛顿检阅军队

虎口脱险

> 战略退却，是劣势军队处在优势军队进攻面前，因为顾到不能迅速地击破其进攻，为了保存军力、待机破敌，而采取的一个有计划的战略步骤。
>
> ——毛泽东

中国古人讲："小智者治事，大智者治人，睿智者治法。"要使一个集团形成统一的意志，统一的步调，首先需要有健全的法律制度。

大陆军刚刚组建时，它是一支什么样的军队啊！只不过是些"拿着武器的民众"而已。由于他们大多数都是匆匆忙忙召来的农民，因而不少士兵农闲时打仗，农忙时回家。他们没有受过严格的军事训练，又没有足够的枪枝弹药，每个士兵只有不到30发的子弹。加上地方观念的影响，部队很难统一。华盛顿认为，提高军队素质，加强部队的组织纪律，是当务之急。他向大陆会议报告了部队的各种困难，同时，在军队中建立统一编制，任命军官，加强训练，建立奖惩制度。

美利坚开国元勋 **华盛顿**

在这期间，华盛顿面临重重困难，整天愁眉不展。上尉衔的军官有一半想退休，他们中的许多人所以要报名服役，只是希望能够得到提升或捞到什么好处。从农村中征来的民兵是"一批乌合之众，纪律涣散，松松垮垮，自由散漫"，很难一下子就把他们变成训练有素的战士。在缺衣少食、生活单调的军营中，他们一想到严寒的冬季都感到心灰意冷，都渴望着回家好与亲人们围坐火炉边。在整个难熬的冬季中，华盛顿一再热情地号召他们发扬爱国主义精神，士兵们对这种号召几乎置之不理。他命令在军营中歌唱受人欢迎的爱国歌曲，可士兵们却把这种爱国歌声当做耳旁风。回家！回家！回家！每个心脏里跳动的都是这种呼声。华盛顿用责备的口吻说："服役期限一满，士兵们就一心想回到家里的壁炉旁边。"

胜负的取得不仅表现为"吃子"的多少，而且表

←华盛顿

现在对有利格局的利用和对机会的创造。华盛顿开棋布局，首先对波士顿的英军采取包围态势，把英国人扼制在海湾之中。1776年3月4日晚上，他派遣约翰·托马斯将军带领2 000名士兵，抢占了波士顿南部制高点多尔切斯特高地。他们在炮火的掩护下，把大炮运上高地，并在冻土上筑起了碉堡。次日清晨，英军发现高地上突然间出现两座碉堡，大为恐慌。华盛顿还利用3月5日是波士顿惨案6周年纪念日这一点，在巡视时号召士兵们为死去的同胞们报仇。士兵们群情激愤，高呼口号来回答他。华盛顿写道："看来，我们的官兵都是热切准备响应号召的。我想，这件事真是太幸运了；我方一定会取得成功和胜利。"

在这种局势面前，驻守波士顿的英军统帅威廉·豪

→ 波士顿战场

美利坚开国元勋 **华盛顿**

← 波士顿追击英军

明白,北美大陆军居高临下控制着整个地区,他们已完全处于大陆军的火力圈之内,只有撤退才是唯一出路。于是他们在偷袭失败后,撤离了波士顿。围困波士顿战役近一年之久。在这场艰苦的围城战役中,华盛顿那运筹帷幄、驾驭全军的才能,赢得了北美人民的热烈称赞。人们说,正是因为华盛顿有令人钦佩的才干,"才能在短短几个月中,把一群纪律散漫的农民变成军人,并领导他们把一支久经沙场、英勇善战的(英国)陆军围困起来,为期将近一年之久,最后终于把他们驱逐出境。"

波士顿告捷后,华盛顿不失时机地乘胜率军驻防纽约。

1776年7月4日,第二届大陆会议通过了由杰斐逊

政治家卷 057

执笔起草的《独立宣言》。宣言宣布:"人人生而平等,都有生命权和追求幸福的权利";推翻一贯压制人民的专制制度、建立新政府是人民的权利和义务。宣言列举了英王的种种暴政,说"大不列颠国王的历史,是一部怙恶不悛、倒行逆施的历史","实不堪做一个自由民族的统治者"。宣言正式宣告:北美13个殖民地与英国断绝一切政治上的附属关系,成立完全独立的美利坚合众国。这个宣言后来成为18世纪末法国资产阶级革命时期《人权宣言》的蓝本。马克思称它是"第一个人权宣言"。《独立宣言》的通过与发表,标志着美利坚合众国的正式诞生。7月4日,定为美国国庆日。

→起草独立宣言

美利坚合众国诞生了!然而,美国宣布独立只是走向独立的开端,北美人民只有从自己的土地上彻底赶走英军,才能把独立变成真正的现实。英军统帅威

美利坚开国元勋　**华盛顿**

←独立宣言的正本签字稿

廉·豪并不甘心失败，在海军的配合下，他以优势的兵力猛攻三面临水的纽约城，妄图以此切断美国北方4州与中部各州的联系，然后迫使华盛顿决战，从而一举全歼大陆军，把刚刚宣布独立的美国扼杀于摇篮之中。在这紧急关头，华盛顿当机立断，利用英军犹豫、喘息的间隙，组织余部撤离长岛。29日深夜，大陆军在人民的支持下，征集民船，趁着漫天大雾，躲

→宣布《独立宣言》

过敌舰的监视，悄悄地渡过了海峡。当华盛顿搭乘最后一条木船到达岸边时，终于脱离了这一险境。

然而，华盛顿在战略态势上还未走出困境。这时，在纽约的几千名大陆军已被英军团团围住，前有英国海军监视和封锁的海峡，后有英国陆军压境，大陆军大有全军覆没的危险。恐怖气氛笼罩着全军，华盛顿也几近绝望。他吃不下饭，睡不着觉，充血的眸子里闪射出两道红灯笼般的光亮。最后他思虑再三，决定撤离纽约。在有组织的撤退中，一部分美军惊慌失措，不听军官们的指挥和劝阻，刚刚见到几十名英军登陆士兵，就吓得弃甲而逃。华盛顿见状大怒，他飞马驰进逃跑者之中，举着枪向空中鸣警，愤怒地高喊着："镇静！你们要镇静！""站住！你们这些胆小鬼，给我站住！"他策马狂奔，赶在这些逃跑者面前，努力设法把他们集合起来，恢复秩序，可是毫无效果。这时的华盛顿完全失去了自制力，他把军帽一气之下扯下来，摔到地上叹道："天啊，我的上帝！我怎么能用这些人来保卫美国啊？"他愤怒地拔出指挥刀，在逃兵们头上挥舞，完全忘记了自己有被流弹击中的危险。在他的一生中，像这样狂热暴躁的脾气，很少从内心迸发出来。可是一旦爆发，却势若狂风暴雨从天而降。

伟人之所以伟大，关键在于：当他和别人共处逆境时，别人失去了理智，他则下决心实现自己的目标。在军事对抗中，要想主宰敌人，先要主宰自己；要想驾驭战争，先要驾驭自己的感情。在退却途中，华盛顿开始清醒地认识到面临的严峻局势和英军的战略意图。据此，他提出了新的对策。他认为，英军的意图是：把美军包围在纽约岛上，然后切断美军与后方的交通线，迫使大陆军按照他们的意图作战或无条件投降，或者把大陆军分割成几个部分，各个加以歼灭。他主张："在我们这一方应该是防御战，通常称为哨位战；除非必要，在任何情况下都应避免采取大规模行动和冒险"，大陆军应该尽可能拖延战争。根据这种想法，华盛顿不顾别人反对，放弃了纽约，率部向新泽西撤退。后来的事实证明，华盛顿的分析判断是正确的。正因为这样，他没有中英军的圈套，英军咒骂他是狡猾的"狐狸"。

在艰难的战略转移中，英军尾追不舍，气势凶猛，美军连连失利，节节败退。最令华盛顿目不忍睹的景象是：自己战败了的士兵在乞求对方饶命时，对方仍用刺刀把他们活活捅死。据说这种惨象使华盛顿悲痛欲绝，哭得"像小孩一样"。华盛顿在给大陆会议的一封信中写道："你们无法想象我的处境是多么窘迫。在我面前，险象环生，而我自己却一筹莫展，我

→华盛顿

相信先前没有任何人有过这种经历。不过我充分相信我们的事业的正义性。我想象不出这个事业最后会归于失败，虽然在一段时间里可能会阴云密布。"

华盛顿雕塑

在独立事业和自己生命面临危险的逆境中，华盛顿表现出了超常的意志、出众的耐性和非凡的勇气。当时随军行动的美国颇负盛名的思想家托马斯·潘恩对华盛顿总司令在艰难时刻所表现出来的品德作了如下的证言："伏尔泰说过，威廉国王只有在困难时刻和作战中才充分显现出他的英雄本色。对华盛顿将军也可以作同样的评语，因为他正具有这种特征。有些人具有一种天生的坚定性，在琐屑小事上表现不出来，但是一旦表现出来，就显示出极大的不屈不挠精神；上帝赐给了他长年不病的健康体格，赐给了他一副就是忧患之中也能殚精竭虑思考问题的头脑。我认为这是老百姓的福气，虽然我们往往不是一眼就看得出来。"

奇兵天降

> 出其不意是战争中克敌制胜最关键的因素。
> ——麦克阿瑟

旷日持久的独立战争,历时6年。在这漫长的军事生活中,伴随华盛顿的常常是失败的教训、匮乏的煎熬、困苦的考验。除了战场上的撕杀外,还有很多事令华盛顿操心。在艰苦的、缺衣少食的营房里,战士们必须默默忍受辘辘饥肠的挑战,忍受没有皮衣保暖的酷寒,忍受不穿鞋子行军造成的脚趾溃烂。要同动摇斗争,要同叛徒斗争,要同兵变和开小差斗争……华盛顿弄不到军饷支付给将士们,他必须忍受焦头烂额、食不甘味的痛苦折磨。

最使华盛顿难以忍受的是来自各方面的伤人暗箭。英国当局同北美的王党分子狼狈为奸,造谣中伤华盛顿。他们编造了一本小册子,搜集了一些所谓华盛顿于1776年写给友人的信件,甚至还有他自己的"亲笔签名"。小册子在前言中写道:"这些信件是从华盛顿的一个仆人那里得到的。这些信件诬蔑华盛顿反对美国独立、主张同英国妥协。可是小册子竟没有编者的姓名，显然是一种捏造。华盛顿对此非常生气，他愤怒地说："除了其他的阴谋诡计以外，他们竟还干伪造信件的勾当。"他立即写信给大陆会议，要求澄清事实，以正视听。这时，在大陆会议和大陆军领导层中，也有个别人觊觎总司令的职位，或怀有其他目的，抓住各种机会含沙射影地攻击他，贬低他的威望。华盛顿认为，这些居心叵测的人已形成一个与他为敌的派别，他担心这种派别活动对共同事业会带来危险的后果。要知道，堡垒是最容易从内部攻破的啊！华盛顿既要对付明枪，还要提防暗箭，处境十分艰难。但华盛顿经受住了这些考验。

在华盛顿内外交困的日子里，新泽西州长威廉·利文斯顿的来信，给了他很大的安慰。信中写道："我可以很容易地想象出你现在的难处，特别是公众所不能体谅的那种难处，因为你的谨慎和对事业的忠诚不允许你把这种难处公之于众；这是高风亮节的一个例证。这种高风亮节也许比在战斗中表现的任何高尚精神都要有过之而无不及。但是，毫无疑问，我亲爱的先生，世上公正人士不久就将对你做出完全公正的评断。你一定是经常身心疲惫，愿上帝保佑你身心康健。"

优秀的指挥者,常给士兵带来胜利的希望,给部队以必胜的信心,因而他本人就是一种鼓舞的力量。在不利的环境中,当胜利的曙光尚难看到,甚至展现在部队面前的是绝境时,指挥者镇定自若的情绪和能从黑暗中指出赢得转机光点之所在,就成了推动部下的巨大动力。华盛顿就是这样一位指挥者。

华盛顿在撤退中并没有消极逃窜,而是积极地千方百计寻找战机袭击敌人。不久,他获悉特伦顿的英军主力已撤回纽约过冬,只留下拉尔上校负责指挥的三团黑森雇佣兵和英国一支轻骑兵,共约1 400人。拉尔上校骄气十足,未作任何防务。当有人提醒他时,

→ 华盛顿穿越德拉威州

美利坚开国元勋 **华盛顿**

← 华盛顿在特拉华的战斗中

他轻蔑地说:"叛军来进攻?让他们来吧!我们用刺刀迎击他们。"

华盛顿认为,这是天赐良机,决定在圣诞节偷袭特伦顿。

1776年冬天,这是美国革命斗争的艰难时刻。寒冷的圣诞之夜,2 400名美国士兵偷渡特拉华河,袭击特伦顿。那是一个狂风怒吼的漆黑夜晚,暴风雪夹带着冰雹铺天盖地打来。奇异的严寒使两名衣不蔽体的士兵当场冻死。漂流的冰块把船只冲得摇晃不止,并随时有被撞沉的危险。华盛顿伫立船头,神色庄重而严肃。他临危不惧的身姿和镇定自若的神态,极大地鼓舞了全军将士的斗志。小船艰难缓慢地向对岸靠近……

　　第二天早晨8点左右，华盛顿率领部队终于来到特伦顿附近。暴风雪固然使美军的行军异常艰苦，但也使得敌军人人都躲在屋里。华盛顿以迅雷不及掩耳之势，打得英军和黑森雇佣兵措手不及。拉尔上校在迷乱中受伤被俘，其余的敌军都放下武器投降了。经过这一仗，粉碎了英军不可战胜的神话。华盛顿声威大振，许多人闻讯前来投军。

　　在纽约的威廉·豪将军得悉特伦顿英军受挫，大为恼火。迅速命令康华利率领精兵开赴特伦顿雪耻复仇。1777年1月2日傍晚，暮色苍茫，康华利的部队到达特伦顿，在美军的对面扎营。康华利胸有成竹，按兵不动，因为他已命令英军于次日上午从普林斯顿和

→奇袭特伦顿

特伦顿两个方向同时向美军进攻,南北夹击,意欲全歼华盛顿的主力。康华利自负地说:"明天一定逮住这只狐狸!"

危险迫在眉睫,阴郁、焦虑、恐怖呈现在每一个士兵的脸上。华盛顿不停地在营地来回巡视,内心一刻不停地思虑着目前的恶劣处境。敌军在数量上和军力上都占有极大的优势,而且又是为了洗刷耻辱而来;两军之间只隔着一条小溪,无险可守。如果同他们打一场大仗必定会招致毁灭;如果退却呢?背后漂着浮冰的特拉华河根本无法渡越。怎么办?在腹背受敌、进退两难的凶势下,到底该怎么办呢?

华盛顿经过反复考虑,最后提出了一个大胆、冒险的计划。他认为,到这时候,普林斯顿的敌军一定已开始向这边进发了,那里的守军必然很少。于是华盛顿决定放弃特伦顿而进攻敌军兵力不强的普林斯顿。为了麻痹康华利,华盛顿采用"金蝉脱壳"的作法,迷惑敌人。他故意让士兵在阵地上燃起堆堆篝火,假装挖筑工事加固阵地。果然,康华利信以为真,以为大陆军当晚不会有任何行动。正当康华利及其部队高枕无忧睡大觉时,华盛顿已集合起队伍,向普林斯顿挺进。

华盛顿期望在天明以前抵达那里。可是在树林中新近开辟出来的道路崎岖不平，树桩子撞坏了许多行李车的轮子，阻滞了军队的前进。等到达距普林斯顿约3英里的石溪桥头时，已经是日出时分。战斗开始

→普林斯顿战役

了，华盛顿挥动帽子策马驰奔，鼓励士兵们冲锋陷阵、英勇杀敌。他的白色战马和指挥官形象成为敌军射手的集中目标，可是他全然不顾。在枪林弹雨和炮火硝烟中，他的副官一时找不到华盛顿的踪影，满心绝望，以为华盛顿完了。可是不一会，华盛顿骑着白马挥动着帽子又从烟雾尘埃中出现了。他赶紧纵马跃到华盛顿身边，惊喜地喊道："感谢上帝，司令您还活着！"华盛顿望着败退的敌人却回答说："去，亲爱的上校，马上把军队带上来。胜利是属于我们的！"由于大陆军掌握了主动权，加上士气高涨，华盛顿又身先士卒，普林斯顿一战，美军大捷。

奇袭特伦顿和普林斯顿的胜利，像黑夜中的一道闪光，给美国军民以胜利的希望。事实胜于雄辩，有

← 普林斯顿大捷

关诋毁他的言词也不攻自破。普鲁士国王弗里德里希二世称誉这两次战役是"军事编年史上最光荣的成就",还送给华盛顿一幅肖像并题词:"欧洲最年长的将军致世界上最伟大的将军。"

→华盛顿在普林斯顿的战斗结束后

大败英军

> 一棵质地坚硬的橡树,即使用一柄小斧去砍,那斧子虽小,但如砍个不停,终必把树砍倒。
>
> ——莎士比亚

得道多助,失道寡助。就战争的性质而言,美国方面是正义的、反侵略的民族解放战争。民族独立的正义事业激励着千百万人民群众积极投入如火如荼的抗英战争。

就两个敌对的司令官比较而言,英国的威廉·豪将军与美国的华盛顿将军具有不同的品质特点。豪将军是一个职业军人,打仗就是他的职业,军营就是暂时的国和家。他生性好逸恶劳,又养成了嗜赌好吃讲排场的习惯,住在纽约装修考究的房子里,时不时就沉浸在一连串的宴会、舞会和聚会之中。他手下的军官,其中不少人是出身于显贵门庭的子弟,也给部队带来一种花天酒地、纸醉金迷的气氛。而与此相反,华盛顿是一个爱国军人,富于自我牺牲精神,对他来说，战争是一种痛苦的解救办法，本身是可恨的，只是为了国家的重大利益才不得已而为之的一种残酷手段。为了进行战争，他牺牲了自己的全部乐趣、舒适、爱好和个人利益。他所选择的军官也像他自己一样爱国爱民，把全部心思都放在争取民族独立的崇高事业上。

就双方军队的士兵成分比较而言，也是各不相同的。英国士兵全是职业士兵，服装齐备、住宿条件良好，拥有一支奉命全力平定"叛乱领地"的军队应有尽有的各种便利条件。英军士兵中许多人是流氓无赖出身，从军后，原有习气仍然很浓。美国士兵绝大部分是从农村征募来的农民，他们不怕艰苦、不怕牺牲，在冰天雪地里赤脚行军，在缺乏粮食和武器的条件下奋不顾身地打击敌人，而他们甘心忍受种种困苦艰难的原因只有一个，那就是热爱自己的土地，保卫自己的家园。同时，华盛顿以慈父般的关心，努力防止他们受到军营生活的腐蚀性影响。他在发给旅长们的一项通知中写道："要在你的旅里尽力严禁一切恶习和不道德行为。每一个团都配备有一名军中牧师。务请督促士兵们经常参加礼拜活动。各种赌博都是明文禁止的活动，因为赌博是邪恶的基础，也是许多英勇善战的军官毁灭的原因。"

由于美国独立战争的正义性质和威名远扬，因而得到国际进步力量的广泛同情与大力支持。法国、德国、英国、波兰、丹麦、瑞典、匈牙利的革命者接踵来到美国参加抗英战争。法国资产阶级革命家拉法耶特、空想社会主义者圣西门、波兰革命家科斯秋什科等人，远涉重洋来到北美，加入革命军的行列。英国人民和爱尔兰人民反对英国统治集团的斗争，有力地支援了美国独立战争。

1777年8月，华盛顿为了鼓舞北美人民的抗敌信

← 美国独立战争图

心，命令全军在当时美国政府所在地费城进行一次游行示威。为了使这次示威尽可能威武雄壮，事先煞费苦心地做了准备。一位观看者说："他们的服装很差，但是他们都端着擦得锃亮的武器，俨然一副军人气派，总而言之，仿佛他们有相当把握战胜同等数量的敌人似的。"为了多少显得整齐一致，大陆军的帽子上都一律插着绿色的小树枝。嘹亮的喇叭声，嗒嗒的马蹄声，铿锵的脚步声，喧天的军鼓声，都给全城人民留下了深刻印象。但是，美国的大陆军这时仍处于劣势，要最终战胜优势的英军还须作艰苦的努力。

1777年9月26日，英军依靠强大的海军占领了大陆会议所在地费城。华盛顿被迫退到费城西北20英里的福吉谷过冬。在军队缺粮、少衣、无饷的情况下，

→ 福吉谷祈祷

美利坚开国元勋　**华盛顿**

← 萨拉托加大捷，柏高英率军投降。

　　华盛顿坚韧不拔，表现了惊人的自制力和顽强的事业心。尽管环境艰苦，他仍然一刻也不放松部队的严格训练。杀敌以怒，哀兵必胜。不久机会来临了。

　　英军过高地估计了自己的力量，急于速战速决。他们企图用三路大军进攻奥尔巴尼，妄图切断华盛顿部队与新英格兰的联系，包围新英格兰。由于其他两路未按计划进军，只有从加拿大沿哈德逊河南下的柏高英将军孤军深入，被大陆军包围在萨拉托加。1777年10月17日，英将柏高英率部5 000余人向大陆军投降。大陆军在这次战役中，获得了一大批精良的武器和大量服装、帐篷和各种军用物品。萨拉托加大捷，是美国独立战争的转折点。

　　萨拉托加战役后，国际形势也向有利于美国方面发展。当时欧洲诸国都与英国有着不同程度的矛盾，尤其法国在争夺殖民地战争中遭到英国打击，更想乘机报复。1776年秋，大陆会议派富兰克林等去法国争取援助。萨拉托加大捷消除了法国的犹豫，继而双方订立军事同盟。接着，西班牙、荷兰也相继对英作战，俄国、瑞典、普鲁士等国宣布"武装中立"。

　　1778年6月，由12艘大战舰和6艘快速舰组成的法国舰队开进美国领海，迫使英军撤出费城。英军在北部和中部失去组织大规模进攻的能力，妄图利用南方王党势力挽回败局，全力在那里发动攻势。1778—1781年，英军勾结南方种植园主占领了许多地方。与此同时，华盛顿不知疲倦地工作，人们都纳闷他什么时候才能够抽空睡上一觉。他不但要全盘详尽地考虑

→ 华盛顿与士兵

军队的作战计划，而且还要煞费苦心地筹集部队的给养。在冬天里，他的部队有时一连几个星期都在挨饿受冻。有时候没有肉吃，有时候没有面包吃，有时候既没有肉吃也没有面包吃。有许多士兵没有鞋穿，流血的双脚常把雪地染成斑斑红印。不过，困难并没有吓倒华盛顿和他率领下的爱国士兵。在保家卫国争取独立的思想激励下，他们克服重重困难，誓与敌人血战到底。

美国的农民、工人和手工业者是独立战争的主力军。他们不怕艰苦、不怕牺牲。他们自觉地为自己的切身利益而战，这是雇佣兵所无法比拟的。

美国黑人也踊跃报名参军。在所有13个殖民地的部队里都有黑人士兵，他们或与白人混合编队，或单独组成黑人联队。据估计，在整个独立战争期间，先后动员的30万士兵里至少有5 000名黑人士兵。他们机智勇敢，屡建战功。至于担任后勤工作的黑人就更多了。美国黑人为美国独立战争的胜利做出了重大贡献。

1781年9月初，法国舰队在约克敦附近的海面上击败了英国海军，切断了英军海上交通线。战局越来越好转了，英军已届强弩之末。

善纳谏言，是主将英明之举。1781年9月下旬，华盛顿打算率部直取纽约，结束这场独立战争。法国将领罗尚博建议，与其在纽约与英军拼消耗，不如南下弗吉尼亚，打击在约克敦据守的康华利指挥下的7 000名英军。华盛顿采纳这个建议。在集合起来的部队向约克敦出发的前一天晚上，华盛顿与他的参谋人员露宿在户外。他睡在一棵桑树下面，把树根当枕头。在法军的援助下，大陆军将英军团团包围在约克敦。

在激烈的枪战炮战中，华盛顿始终临危不惧，冒着生命危险在前沿指挥。有一次，当他正在视察工事时，一颗子弹打到他脚底的附近，扬起一阵尘土。站在华盛顿旁边的军中牧师埃文斯先生见状大吃一惊。他忙脱下他的帽子，指着上面的沙土对华盛顿喊道："将军，看看这儿！"华盛顿用低沉的开玩笑的语调回

→ 华盛顿和他的将军们在约克敦

美利坚开国元勋 **华盛顿**

← 约克敦围攻战

答说:"埃文斯先生,你最好把这顶帽子带回家去,让你的夫人和孩子们看看。"还有一次,华盛顿来到一个大的炮兵阵地上,他不顾有遭枪击的危险,通过射击孔向外观察战斗情况。他的一位副官鼓起勇气对他说,这个地点太暴露了。他严肃地回答说:"如果你这么想,你可以退到后面去。"过了一会儿,一颗步枪子弹尖叫着打在射击孔内的大炮上,子弹沿着炮身落在华盛顿的脚上。随同他的一位将军一把抓住华盛顿的手臂大声喊道:"我亲爱的将军,我们现在少不了你!"华盛顿仍然平静地回答说:"这颗子弹的冲力没有了,造不成危害。"

在作战中,由于华盛顿身先士卒、奋不顾身、恰当部署和正确指挥,经过一星期惊心动魄的交锋,英

→ 康华利向华盛顿投降交剑

军大败。10月19日，英将康华利向华盛顿交出了指挥剑，美国独立战争至此基本结束。当不可一世的英军在衣衫褴褛的美国士兵面前放下武器时，美军乐队奏起了"天翻地覆，世界倒转过来了"的乐曲。

1783年9月3日，英国被迫在巴黎与美国签订《巴黎和约》，正式承认美利坚合众国为自由、自主的独立国家，英军无条件地完全撤出美国领土。《巴黎和约》确认美国的版图疆界是：北接加拿大五大湖区，南至佛罗里达北界，东起大西洋沿岸，西止密西西比河。这样，美国领土从独立初期13州90多万平方公里，扩大到230多万平方公里，面积增加近一倍半。

在全国上下一片和平福音降临之际，作为艰苦鏖战过的军人和统帅——华盛顿，保持着清醒的政治家头脑。他在一封致友人的信中写道："鉴于先前英国政府是那样糊涂、奸诈和乖戾，我承认我倾向于对一切都抱怀疑态度，对一切都不信任……不管敌人的真正意图如何，我认为应该进一步加强而不是减弱我们的注意力和努力。谨慎戒备和采取预防措施至少不会带来什么害处。过分信任别人和苟且偷安可是极其危险的。"华盛顿是一个脾气火爆而思维理智的人。在挫折失败面前，他懂得如何绕过险滩，保存实力；在胜利成功面前，他又担心暗礁出现，以避免触礁翻船。

　　一个胜不骄、败不馁的雄才，必成伟业！

← 华盛顿

安抚将士

> 由于你们举止庄严,你们将使你们的子孙后代在谈到你们向人类显示的光辉榜样时,有理由说:"假如没有这一天,世人决不能看到人性竟然能够达到这样尽善尽美的地步。"
>
> ——华盛顿

战争是锻造英雄的熔炉,也是死神出没的场所。为了战争的胜利,华盛顿不知经历了多少凶险、吃了多少苦、受了多少累。他的心悬在嗓子眼上,直到战争结束才放了下来。

然而,随着和平的来临,一些新的问题和麻烦又摆在了华盛顿的案前,需要他去处理、去解决。在革命战争最黑暗的时刻,他曾坚定不移地设法使失望的民众振奋精神,而在和平的红日喷薄欲出之际,他仍需以其爱国的情怀和人格的魅力来凝聚军队的涣散情绪。

由于战争就要结束了,各州对大陆军的物质供应开始不那么热心了。本来只关心自己利益的各州只是

美利坚开国元勋　华盛顿

在共同利益受到侵害时才一致起来，支持大陆军抗击共同的敌人。现在共同的敌人已被赶走，大陆军在他们的心目中也就不那么值钱了。此时，各州几乎把大陆会议规定他们为进行战争所提供的款项置于脑后。这种做法加深了忍饥挨饿的广大士兵们的不满。军官们也由于军饷迟迟不发放而怨气满腹。许多军官怀疑他们能否得到大陆会议规定的在战争结束后若干年内的军饷。他们开始担心，和平到来之际就是解散他们之日，这样他们将身无分文，流落社会。由于长期从军，他们没有本事干收入较多的和平职业。

←华盛顿和官员们

　　军队的不满情绪在滋长。1782年12月，军官们向大陆会议递交了一份请愿书，陈述困境，要求发饷。1783年3月11日和12日两封未署名的《告军官书》分别在全军私下散发。自称是出自士兵之手的两封匿名信，要求军官们举行集会，采取措施来满足要求。其

政治家卷　085

中一封写道:"经过漫长的7年努力之后,我们试图达到的目标终于在望了。是的,我的朋友们,你们在备尝艰苦的情况下曾经表现出勇气。这种勇气使美利坚合众国能够赢得一场结局不定的、残酷的战争。这种勇气使这个国家获得独立地位。现在和平恢复了,和平赐福给谁呢?……因此,我愿意劝告你们对于你们所能忍受的事情和你们将要忍受的事情得出某种最后的看法。如果你们的决心同你们的冤屈相称的话,你们在发出要求得到公正待遇的呼吁的时候,就应当给政府颜色看。"

看来问题已相当严重了,如不迅速加以解决就可能导致一场内乱。华盛顿焦虑万分,苦思良策。他决定在3月15日举行军官会议,说明情况、化解矛盾和规范理智。会前,他把军官们逐个召来,私下向他们解释过激的言行将会给全军的荣誉带来什么样的损失。会上他发表了一篇感人肺腑、情理并茂的演说。他指出最近发现的匿名信是危险的做法,反对军官们召开不正当的会议。但他愿意以符合军官们的荣誉和军队的尊严的方式,向军官们提供一切诉说他们委屈的机会。

他说:"……由于我是第一批参加我们的共同的国家事业的人,由于我除了公务之外一刻也没有离开过你们，由于我经常陪伴你们，亲眼见到你们的疾苦，认识并赞赏你们的功劳，由于我一向认为我的军人名声是同军队的名声分不开的，由于当我听到对军队的赞扬时总是高兴万分的，而当有人诋毁军队时就怒不可遏，因而在战争的这个最后阶段，不可能设想我对于军队的利益是漠不关心的。……至于我自己，由于我回想起在命运的每一个转折点你们都欣然帮助我，并且迅速服从我，由于我真诚地爱我有幸长期指挥的军队，因而我有义务在这里公开庄严宣布：为了使你们由于备尝艰辛和危险而得到完全公正的待遇，为了使你们的每一个希望都得到满足，只要这样做符合我对我的国家负有的伟大责任和我们一定要尊重的权力，你们就可能完全得到我尽自己的最大力量进行的服务。"

"当我向你们提出这些保证，并用毫不含糊的态度保证尽自己的一切力量来为你们谋利益的时候，先生们，我要恳求你们要用冷静的、理智的眼光看待事情，不要采取将贬低和玷污你们迄今保持的尊严和荣誉的任何措施。""我要求你们确信国家会采取最有效的措施来使你们忠诚的、功勋卓著的服役得到十分公平的对待。""由于你们珍视你们自己的神圣荣誉，由于你们尊重人权，由于你们重视美国的军事声誉，我要以我们的共同的国家的名义请求你们对有些人表示深恶痛绝,这些人希望以某种似是而非的说法为借口推翻我们国家的自由,居心叵测地企图打开国内倾轧的闸门,从而把我们新兴的国家淹没在血泊之中。要是你们下这样的决心,并且这样干的话……你们将能为无与伦比的爱国主义和耐心提供又一个卓越的证明,这种爱国主义和耐心完全不受最复杂的痛苦处境的影响。由于你们举止庄严,你们将使你们的子孙后代在谈到你们向人类显示的光辉榜样时有理由说:'假如没有这一天,世人绝不能看到人性竟然能够达到这样尽善尽美的地步。'"

华盛顿在结束这篇演说后,为了证明大陆会议对军队抱有的好意,宣读这个机构的一位成员寄来的一封信。这封信一方面说明了大陆会议的困难和窘境,另一方面强调无论如何军队要得到慷慨的对待。

据当时在场的一位少校回忆说,华盛顿在读完这封信的头一段后,停顿了一会儿,把眼镜摘了下来。然后他在重新戴上眼镜的时候请求听众原谅,并且说他在服役的过程中头发变白了,现在又发现视力也不行了。

华盛顿这个深思熟虑的演讲和自然感人的动作,深深地打动了座位上每个人的心,使每个人的眼睛都

← 华盛顿看望士兵

湿润了。

华盛顿一退出会场,军官们就一致地通过了一项决议,向华盛顿保证:军官们以人的心灵所能具有的最大真诚,来报答他那充满深情的号召。接着又通过一些决议,宣布无论遇到什么样的困难或危险,他们都不会玷污他们用鲜血和8年的忠诚服役为代价所得到的名声和荣誉;他们对大陆会议在主持公道方面继续抱有不可动摇的信心;他们要求总司令给大陆会议写信,恳切地要求解决军队的物质供应和人员待遇问题。

华盛顿迅速地采纳了军官们的建议,给大陆会议写了一封信。他在信中要求大陆会议就军官们在请愿书中所提的问题做出答复,请求发给军官们终生半饷和一些应有的精神奖励。最后,他说:"如果像为了煽动军官们的愤怒情绪所宣传的那样,军队中的军官将成为革命中的唯一的受苦者；如果他们在退出战场后将过贫困、不幸和受人轻视的生活，直到老死；如果他们将处于寄人篱下的困境，在不幸的余生中靠赈济度日(到目前为止，他们的生活是过得体面的)；那么，我就会懂得什么是忘恩负义，我就会在今后的生活中无时无刻不痛苦地想起这件事。但是我并不担心会出现这种情况。一个被军队从即将到来的毁灭中拯救出来的国家是绝不会忘恩负义的。"

华盛顿在给大陆会议主席写信的同时，还写了另一些致大陆会议成员的信，这些信都发出了类似的呼吁。大陆会议经过讨论，一致同意将军官们终身领取的半饷折合成等于5年全饷的一笔款项。这样，一度十分棘手的军队问题，由于华盛顿的冷静、明智的态度而得到解决。

风波没有酿成涛浪，一切又归于平静。

华盛顿是一个冷静而无畏的人。在灾祸的压力下，他有耐心和毅力，在大功告成时，他又显得稳健而有节制。

美利坚开国元勋　**华盛顿**

隐退山庄

> 思考于清晨，行动于白昼，饱食于日暮，就寝于夜晚——如此人生，不亦乐乎。
> ——布雷克

独立战争结束了，跟随华盛顿转战南北而疲惫不堪的士兵们，大部分可以返回家园了。

在戎马倥偬的独立战争中，华盛顿全身心地投入到伟大的民族解放事业中去，6年没有回家。虽然在临

↑华盛顿辞去他的佣金

近战争结束前,他曾顺便回到弗农山庄一次,但那只是短暂停留,来不及仔细走览自己的庄园。现在和平实现了,军中几乎无事可做,因而华盛顿也产生了一种解甲归田的心情。他说:"我在有幸担任为国家服务的职务时抱有的伟大目标快要实现了,我现在准备引退回家。大家知道,我们当时离开家乡是万不得已的事。在离开家乡的漫长痛苦的岁月,我从来没有断绝过引退回家的念头,我希望在那远离世界上纷扰麻烦的事情的地方平静地度过余生。"他决定辞去大陆军总司令的职务,回家过平民生活。

1783年11月2日,华盛顿向军队宣布他"就要退役了","并且亲切地、长期地向他们告别"。12月4

→华盛顿离开纽约

美利坚开国元勋　**华盛顿**

华盛顿与官员们告别

日，华盛顿来到弗劳恩西斯旅馆，向聚集在这里的军官们做最后告别。他一进房间，看到周围尽是过去跟他同甘苦、共患难的老战友，激动得不能自已。他斟了一杯酒，表情慈祥而黯然地对他们说："我现在怀着热爱和感激之情向你们告别，最衷心地祝愿你们今后富裕、幸福。"

在发表告别词以后，华盛顿满怀深情地补充说："我不能向你们一一告别，但是如果你们每一个人来同我握手，我将非常感激。"离得最近的诺克斯将军首先上前，紧紧握住华盛顿的手。华盛顿感动得流了泪，像兄弟一样同他拥抱。他饱含热泪同在场的每一个人一一握手道别，一句话也说不出来。同样，这些与他

政治家卷　093

出生入死的老战士，对他们总司令的炽热情感也是无法用语言表达的。他们默默地跟着他们爱戴的总司令走出房间，穿过一队肃穆的轻骑兵，步行到白厅渡。华盛顿上了驳船以后，转过身来，默默无语地挥动帽子向他们告别。他们也以同样的方式，目送驳船慢慢地消失在视野之外……

大陆会议最终批准了华盛顿的辞职请求。1783年圣诞节前夜，华盛顿回到弗农山庄与家人团聚。他在一封信中写道："戏终于演完了。我不再担任公职，感到如释重负。我希望把我余生的光阴用于为善良的人们做事和致力于品德修养。"

对华盛顿来说，弗农山庄田园诗般的景象始终令他留恋与着迷。现在，他的全部庄园除了所谓大宅农场外，还包括另外4个彼此相连、占地3 260英亩的农场，每个农场都设有一个总管。在那里，有总管住宅、谷仓以及黑奴住的小屋。华盛顿重操旧业，精心地管理着他的庄园。他亲自绘制了一张庄园总图，所有的农场都精确地画在上面，各块田地都标着编号。他了解每一块田地的土壤和地质，据此安排这些田地种植什么作物。除了这5个农场以外，华盛顿还有好几百英亩郁郁葱葱的林地。树木、作物、田陌、河流、房舍、道路，它们错落有致，使庄园的景色十分优美。在那4个彼此

美利坚开国元勋 **华盛顿**

←华盛顿与黑奴

相连的农场上，有54匹拉运东西的马、12头驴、317头黑牛和360只绵羊以及成群的猪。为了搞好庄园的生产和布局，华盛顿大量地阅读农业和园艺方面的书，并抄录有关这些问题的论文。华盛顿在信中说：经营农业一向是他最喜爱的活动之一。

华盛顿在庄园的管理上十分严格精细，总管或他们手下的人有任何不尽职守的表现，都逃不过他的眼睛。他在计划问题上一向简单明了，既不过多解释，也很少征询意见，一旦决定，就断然默默地付诸实施，某项工程一旦开始实行，就很难说服他放弃。在剩余的时间里，他要么写作、要么看书、要么打牌消遣等。

但是，华盛顿平静的生活中也有不平静的一面。由于他名闻遐迩、妇孺皆知，因而他家时常宾客盈门，参观的、拜访的、好奇的、画像的等等，络绎不绝。此外各种各样的大堆来信，也需他予以处理。华盛顿说：这些事情占去了许多时间，"很不惬意"。

在人们的想象中，华盛顿似乎是一个表情冷峻、不苟言笑的人，但事实上并非如此。他在生活中非常随和、平易近人，在个别场合甚至是爽然无忌的。仅举两例：有一次，华盛顿买回一匹野性洋溢的骏马。军营中一名夸口骑术高超的家伙要求试一试。华盛顿表示同意，并同他手下的一些军官一起观看这匹马第

→华盛顿一家

一次受驯的情景。这位自诩为骑术家的人在经过充分准备后跨上马鞍。正当他自鸣得意大肆炫耀之时,这匹马突然两只前蹄站定,扬起两只后蹄把那个要领欠缺的家伙一个筋斗掀了下来。精于骑术的华盛顿见到此景,笑得前仰后合,据说连眼泪都流了出来。还有一次,有两名法官骑马前去弗农山庄拜访华盛顿。他们由一名黑奴随侍,以便看管一只装他们衣服的大皮箱。当他们行经弗农山庄外围的一个树林时,由于道路关系已是满身尘土。于是他们就跳下马来想在树荫下换一下衣服,整一整容。可是,当黑奴从马上取下那只皮箱打开时,但见里面装的却是一块块肥皂和各种各样花哨的物品。原来黑奴在他们上次停留的地方,把一个苏格兰小贩的那只外形很相像的皮箱误认是他们的皮箱,结果拿错了。黑奴惊恐不已,两名脱得只剩下内衣内裤的法官见状,你望望我,我望望你,禁不住发出阵阵大笑声。华盛顿此时恰好在庄园场地巡视,循声赶来。当他看到朋友们的这种奇特窘境,以及整个场面的意想不到的情景,更是忍俊不禁,据说笑得在草地上打起滚来。

当然,纵情大笑这样的事在华盛顿的生活中为数不多,在他的脸上经常表现的是严肃沉思的表情。这大概是他的一种多年养成的习惯吧。

据一位曾到弗农山庄拜访过华盛顿的旅行家——埃尔卡纳·沃森写道:"在建立我国独立的光辉大厦的事业中,明智和深谋远虑要求持谨慎的缄默态度,这种缄默态度显然来源于十分成熟的智虑,而不表明他的性格特点。我观察到他的笑容有一种独特之处,好像能使他的目光明亮起来。他的整个容貌射出智慧的光辉,同时又博得人们的信任和尊敬。"

华盛顿的夫人是一位非常能干的管家。她把家庭料理得井井有条,温文有礼地招待前来拜访的客人。这位身材较矮的贤慧女士,曾一度在残酷的战争期间

→华盛顿一家的雕塑

美利坚开国元勋　**华盛顿**

← 华盛顿雕塑

来到军营，与将士们同吃苦、共患难。她那温柔的气息、体贴的话语、庄重的神态、善良的心肠和亮丽的身姿，使离家在外困苦不堪的士兵们，愁容为之一扫。现在和平了，她又把她那优良品质带回庄园。她总是高高兴兴的，把欢乐带给华盛顿、带给子女、带给整个庄园、也带给她自己。

　　华盛顿就这样过着他的隐居生活。

制订宪法

> 领袖人物作为个人在同一时代人物中确实是出类拔萃的。领袖人物一定要能够看到凡人所看不到的眼前利害以外的事情，他们需要有站在高山之巅极目远眺的能力。
>
> ——尼克松

美国独立战争胜利后，建立了资产阶级与种植园奴隶主联合统治的国家政权。国体已经确定，接下来的就是如何对国家进行管理、整理和治理等重大政治方式问题。

华盛顿在弗农山庄过着隐居式的乡绅生活，好像脱离了沸沸扬扬的政坛。但这位对时代复杂问题有着深刻见解、智力高超、目光远大的人物，没有一天不在为国家的兴亡而忧心忡忡。

最使华盛顿静不下心、沉不住气的有三件事：一是邦联政府的软弱无力状态；二是当时社会上存在着一股鼓吹君主制的思潮；三是谢司领导的农民大起义。

美国是一个移民国家，在政体上他们没有自己的

美利坚开国元勋　华盛顿

传统可以继承。1777年11月，大陆会议制订了《邦联条例》，后经各州批准于1781年3月10日开始生效。在华盛顿鏖战疆场时，根据《邦联条例》而建立起来的国会，就是邦联的政治格局，它是由13个州代表组成的松散的联盟。各州有自己的政府，可以自行铸币，自行建立陆海军，自行制订法律，实际上是13个独立王国。欧洲讥笑美国内部事务一片混乱，不把邦联政府当做一个国家加以尊重，因而在外交上受人轻视。华盛顿对邦联政府的评价是："一个半死不活、一瘸一拐的政府，拄着拐杖蹒跚而行。"这样一个政府从1781年起，在美国行使了7年权力。

由于邦联只是一种州际联盟，而不是一个强有力的中央政府，各州只关心保护自己的局部利益，只关心自己是不是吃亏，而毫不考虑整体的利益和义务。华盛顿忧虑地指出："在我看来，邦联差不多已经名存实亡了，国会已经成了一钱不值的机构，因为已经没有多少人执行它所发布的法令了。""13个主权国家，你斗我，我斗你……必然会很快地同归于尽。"由于邦联政府软弱涣散、颟顸无能，因此它无法解决严重的国内经济问题。国内货物奇缺、债务累累、财政困难、民生凋敝。对君主制怀有好感而对民主改革进程不满的商人，利用人们要求加强中央权力，恢复发展经济的愿望，主张在美国建立君主制。早在华盛顿未辞去大陆军总司令之前，就有人写信给华盛顿，要求华盛顿当国王。这时，在美国的一些城市中又出现了有人要在美国建立君主制的谣传，连一些德高望重的人物也毫无顾忌地谈论着君主制。

凭借军权和威望建立军事独裁或君主制，这在英国、法国资产阶级革命中并不少见，英国的克伦威尔、其后法国的拿破仑等便是。华盛顿以其开国元勋的功绩和身份也具备了当君主的条件。因此，他本人对君主制抱什么态度，不能不对美国的未来产生重大影响。华盛顿义正辞严地断然拒绝了要他当国王的请求。他说："我认为这个请求孕育着可能使我国蒙受的最大灾难。……如果你对你的祖国，对你本人和你的子孙还关心的话，或者对我还尊重的话，你应该把这种想法从心中清除干净。"虽然华盛顿反对君主制，但君主制的阴影却一直笼罩在美国的上空。

最令华盛顿担忧害怕的是丹尼尔·谢司领导的农民大起义。由于美国在战后实行的是有利于资产阶级和奴隶主的土地政策，并把一切战争负担千方百计地转嫁到劳动人民头上，因而使广大农民和城市贫民、小资产阶级越来越陷于悲惨的境地。广大农民在走投无路的情况下，只有揭竿而起。其中声势最大的是1786

年9月—1787年2月谢司领导的大起义。起义者到处捣毁法院、烧毁债务诉讼档案和税册，打开监狱释放欠债的穷人。谢司的起义使华盛顿焦虑不安。他写道："天呀！人的行为为什么竟然这样反复无常，出尔反尔!前些日子，为了建立我们今天的制度，为了建立我们自己选择和创立的制度，我们还在流血牺牲，但是现在，我们又拔出刀来，想要推翻这些制度。这件事真是难以解释，我不知道该怎样看才好，也难以相信我不是在做梦。"他进而对邦联政府对起义军的束手无策而感到不满，他写道："这种骚乱难道不是比任何证据都更有力地证明我国政府缺乏活力吗？如果政府无力制止骚乱，人们的生命、自由或财产还有什么保障呢？""我们快要接近无政府状态和混乱局面了！"

鉴于上述政治和经济等方面的原因，华盛顿感到在美国应制订一部宪法。一是利用法律形式把资产阶级民主制度固定下来；二是实现邦联向联邦的转变，建立一个强有力的全国政府。在他的建议和努力下，1787年5月25日—9月17日，制宪会议在费城召开，55名代表一致推选华盛顿为制宪会议主席。会议依据孟德斯鸠的三权分立学说，制定了美利坚合众国的宪法。

根据宪法，美国是一个按照立法、行政、司法三权分立原则、由各州联合组成的联邦制国家。联邦政府是各州的中央政府，但各州对其地方行政保持很大的独立性。

宪法第一条规定：联邦立法权属于由众议院和参议院组成的国会。众议员按各州人口比例选举产生，任期两年，每两年全部改选。每州州议会选出两名参议员（据宪法第17条修正案，从1913年开始，参议员由各州居民选举产生），任期6年，每两年改选其中的1/3。参议院多由保守分子组成，众议院通过的法案得到参议院的签署之后才能生效；总统签订和约、任命高级官吏也必须得到参议院的同意。

宪法第二条规定，联邦的行政权属于总统制。总统由间接选举产生，任期4年。他既是行政最高首脑，又是陆海军总司令。经参议院同意，总统有任命

↑美国宪法草案签署时的情景　霍华德·钱德勒·克莉丝蒂绘

←代表在宪法文本上签字

内阁阁员、最高法院法官、驻外大使等高级官吏以及与外国缔结条约等大权。总统不对国会负责，并可以否决国会通过的法案。被否决的法案只有经过参、众两院复议，得到2/3以上议员同意后才能成为法律。总统的行政命令也具有法律效力，在所谓"紧急时期"，总统可以采取宪法以外的非常措施。在资本主义代议制政体中，美国总统较之内阁制的首相或总理的权力要大，因而称为总统制。

宪法第三条规定，联邦的司法权属于最高法院。法官由总统任命，为终身职。最高法院有解释宪法和其他一切法律的权力。对所谓"不符合宪法精神"的法律，法院可以宣布其"违宪"，而使其失去法律效力。

美国宪法的制订使美国的统治阶级感到欢欣鼓舞。在制宪会议的最后一天，当55个有产者代表在这部宪法的大字文本上签字的时候，富兰克林博士凝视

—纪念独立宣言发布的油画

着主席座位后边背景上画的太阳，对身边的代表说："在会议时期，我对会议的结果有时充满希望，有时又忧心忡忡。我总是一次又一次地凝视着主席身后的太阳，分辨不出那轮红日究竟是在升起，还是在落下。现在我终于高兴地明白了，这是一轮喷薄东升的朝阳，而不是一轮冉冉西下的落日。"

美国的1787年宪法与《独立宣言》相比较，显然是后退了。但在当时的历史条件下，它无疑是一部进步的、光辉的文献。这部宪法在封建君主制盛行的18世纪，确立资产阶级民主原则和资产阶级共和政体，具有划时代的意义；它否定封建君主的"朕即国家"的无上权力和世袭制度，对那些反对封建君主专制制度的欧洲革命者来说，则是一面斗争的旗帜。

美利坚开国元勋　华盛顿

总统生涯

> 自由是基础。凡是胆敢挖墙脚或者推倒大厦的人，不管用什么似是而非的理由作为借口，都应该受到他的被伤害的国家最严厉的唾骂和惩罚。
>
> ——华盛顿

　　联邦宪法的通过揭开了华盛顿政治生涯中新的一页。

　　根据宪法规定，1789年1月，美国举行了第一次总统选举。在正式选举以前，全国选民的目光都集中到了华盛顿身上。选举结果，华盛顿当选。他在接到当选的通知书时，并不是喜笑颜开而是满脸愁云。华盛顿在4月16日的日记中写道："大约在10点钟左右，我告别了弗农山庄，告别了平民的生活，告别了家庭的幸福，带着无法用言语形容的忧虑不安的心情，动身前往纽约。虽然我极其乐意响应祖国的号召为祖国服务，但是，却没有多大希望不辜负祖国的期待。"

　　1789年4月30日，华盛顿在各色官员和参众两院

→华盛顿只身前往纽约市，准备参加第一任美国总统的就职典礼。

议员的陪同下，来到纽约华尔街联邦大厦的阳台上宣誓就职。华盛顿身穿一套美国制的深褐色服装，佩带着一把钢柄指挥刀，脚上穿着白色丝袜和有银白色鞋扣的鞋，他的头发理成当时时兴的发式并涂了发粉，带有发袋和宝石。按照宪法规定，大法官主持宣誓仪

美利坚开国元勋　华盛顿

式。华盛顿把手放在摊开的圣经上，誓词宣读完毕后，他恭恭敬敬地弯下身去，亲吻了一下圣经。这时，大法官向前迈出一步，挥舞着右手高声喊道："合众国总统乔治·华盛顿万岁！"同时，议事厅圆屋顶上升起一面旗来。随着这个信号，炮台上的大炮齐鸣，全市的钟声轰响，台下的群众欢腾。

华盛顿连连向群众鞠躬。然后他回到参议院会议室，向参众两院的议员们发表就职演说。他在演说时，表情沉重，声音很低并有些颤抖，几乎让人听不清楚。

华盛顿是在美国历史的关键时刻，即由反英独立战争胜利转向建设国家的和平时期担任总统的第一人。在他走马上任的时候，全世界的眼光都集中在他的身上。当时的情况是：美国是一个弱小的农业国；宪法只不过是个梗概，缺少许多详细的条目；没有完善的政府机构；国内阶级矛盾重重；国库空

← 华盛顿宣誓就职

虚，负债累累；同欧洲列强的关系错综复杂，难以应付；各州之间千差万别，磨擦不断；再加上没有前人的经验可以借鉴，也没有什么先例可循。肩负着历史重任的华盛顿，把自己的感觉描绘为"像是走向刑场的囚犯"。

万事开头难，一切都要由华盛顿来摸索和创造。为了解决财政困难，他根据汉密尔顿的建议，成立了"合众国银行"；为了体察下情，他规定每个周二接见一般访客；为了政府高效廉洁，他要求所有的任职人员，哪怕是最低职位的公务员，必须经得起最严格的考验；为了避免政策偏差，他任命不同政治倾向的著名人物来担任领导职务，以求得各地区、各种观点的平衡；为了弥补知识不足，他总是请求在他看来学识比他丰富的参谋们提出书面意见，然后对这些意见加以研究和揣摩，得出自己的判断；为了保证西部的"稳定"，他派遣军队镇压印第安人；等等，措施一批一批地付诸实施。

"根据我们的实际，首要的是创立先例"。华盛顿不但这样说的，也是这样做的。他担任总统后，不是被动地等待国会来制订各种法律，而是告诉国会他需要制订什么法律。在对外关系方面，为了提高效率，他有意先避开国会，按自己最佳的判断来进行条约谈判，然后才提交参议院批准或否决。按宪法规定，总统对行政官员的任命，一定要获得参议院的认可，而华盛顿却确立了总统可以不经参议院的同意就可撤换官员的权力。总之，美国总统的权力，按照华盛顿在实践中所做出的范例而逐渐形成。

　　华盛顿在第一届总统任期将满时就想隐退。虽然他在任内才60岁左右，但他对内阁中的歧斗与两大党的纷争感到厌倦和痛心。他渴望摆脱总统这副担子，回到乡下去呼吸一下新鲜空气，自由自在地安享田园生活。华盛顿说他有许多理由要求退休。他说自己是在别人一再恳求之后才出任总统的，为的是帮助政府走上正轨；如果他继续干下去，别人可能说他尝到了当官的甜头，舍不得放弃职位。但是，不论是内阁还是各政党，都一致希望华盛顿留任，他们说：只要他

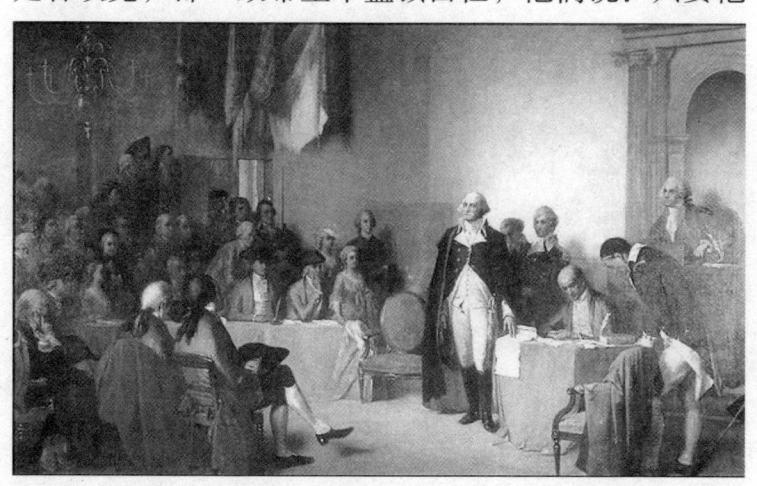

← 华盛顿就任美国总统

继续领导美国,"南北双方将团结一致"。

　　华盛顿经过一段痛苦的思想斗争,才同意参加第二任总统竞选。选举结果,公众一致推选他连任总统。1793年3月4日,华盛顿宣誓就任第二届总统。他的连任就职演说,是美国历史上最短的就职演说。全文如下:

　　同胞们:
　　我再度奉人民之召执行总统职务。只要适当时机一到,我将会尽力表现出我心中对这份殊荣及美利坚人民对我的信任所怀有的崇高感受。
　　宪法规定总统在执行公务之前,需先行宣誓就职。现在我在你们面前宣誓:
　　在我执掌政府期间,若企图或故意触犯法律,除承受宪法惩罚外,还接受在现在这个庄严的仪式中所有见证人的严厉谴责。

　　华盛顿第二次就任总统不久,革命的法国就向英国宣战。美国的国务卿杰斐逊是积极的亲法派,而美国的财政部长汉密尔顿则是积极的亲英派。华盛顿不受任何一方所左右,始终坚持中立的道路,以等待美

华盛顿第二次宣誓就职

国能够逐渐强大起来。他相信，倘若有20年的平静，美国就可以强大得足以"在一个正义的事业中同任何一个强国抗衡了"。由于华盛顿确定了中立主义这条道路，美国获得了20年的平静。

在国内，华盛顿在1794年遭到了一次所谓"威士忌造反事件"的挑战。根据汉密尔顿的建议，每加仑售价为25美分的黑麦威士忌，要征收7美分的税。宾夕法尼亚州农民拒绝交税。华盛顿命令调集1万5千人开进宾州镇压造反者，有100人被判刑。这是华盛顿为维护联邦政府权威，对州权主义者采取的一次强硬行动。

华盛顿在第二任期内遇到了许多复杂的问题，远没有第一任期时顺利。他的一些政策和言行遭到来自各方面的误解、曲解与攻击。有人说他专权,有人说他违宪,有人说他贪污,还有的人说他根本不配当一名军人和政治家等等,不一而足。华盛顿面对各种辱骂,依然初衷不改,继续实施自己的主张。他说:"只有一条正道,那就是追求真理,并且坚定地按照真理办事。"我"不是为了发财,不是为了飞黄腾达,也不是为了安排亲信……当然更不是为了给自己的亲属谋求高官厚禄。因此,心怀恶意的分子可以暗箭伤人,可是我一想到自己在整个执政过程中始终没有存心犯错误,就感到十分愉快。世界上任何力量也不能夺去我这种愉快。"

就领袖人物的历史地位和影响而言,在适当时候下台有时可以同在适当时刻上台同样重要。当一个政治杰出人物在功高名盛、璀璨夺目之时,激流勇退,让位他人,确实可以称之为大智大勇。华盛顿在第二届总统期满时,决意引退,不再参加总统竞选了。复杂多变的政党政治、勾心斗角的政坛官场,使华盛顿越来越感到厌倦和疲乏。当时以汉密尔顿为首的联邦党人和以杰斐逊为首的民主共和党人,相互攻讦,难以和解。华盛顿虽然竭力从中斡旋、调解,也无济于事。在一些重大问题上,他较倾向于汉密尔顿的政策而受到反对派的责难。他多么想摆脱繁忙苦恼、争吵

美利坚开国元勋　**华盛顿**

不休的官场生活，赶快回到弗农山庄，过那种悠然自得、乐趣无穷的日子呀！

就在国会还准备推选他担任第三届总统时，华盛顿说什么也不再继任了。他的这一作法为以后的美国总统树

↑乔治·华盛顿

立了一个不成文的范例，即美国总统任期不得超过两届。他在1796年9月17日发表了著名的《告别辞》。在《告别辞》中，他真诚地说自己可能做错了一些事，请求他的同胞原谅，记住他做过的好事。他呼吁全国团结，反对党派斗争，因为党争将导致国家分裂。他反对把美国的"命运同欧洲任何一部分的命运纠缠在一起，以致使我们的和平与繁荣卷入欧洲的野心、争夺、利益、情绪或反复无常的罗网中去"，"正确的政策是避免与国外世界的任何一部分结盟"。他的这些告诫，对美国的政治生活，产生了十分重大的作用。

1797年3月3日，也就是华盛顿在他担任总统的最后一天，举行了一次告别宴会，招待各国使节和他们的夫人，以及亚当斯先生和夫人，杰斐逊先生和其他男女名流。在快要撤席时，华盛顿把自己的酒杯注满。他说："女士们和先生们，这是我最后一次以公仆的身份为大家的健康干杯。我是真心诚意为大家的健康干杯，祝大家幸福无量！"

　　第二天，约翰·亚当斯宣誓就任美国总统。他在就职演说中赞誉华盛顿"长期以来用自己的深谋远虑、大公无私、稳健妥当、坚韧不拔的伟大行动，赢得了同胞们的感激，获得了外国最热烈的赞誉，博得了流芳百世、永垂青史的光荣。"

　　华盛顿就这样毅然地告别了他执掌8年的总统职位，欣然地告老还乡了。

　　离职后，华盛顿回到了他那心爱的弗农山庄，在优美而恬静的大自然怀抱中，颐养天年。1799年12月12日，华盛顿像往常一样骑马到庄园各处巡视时，受了风寒，14日晚间因患喉头炎而病故。死时没有一点挣扎，也没有一声叹息。

　　心安是归处啊！

美利坚开国元勋 **华盛顿**

独树一帜

> 谁为时代的伟大目标服务，并把自己的一生献给了为人类兄弟而进行的斗争，谁才是不朽的……
>
> ——涅克拉索夫

华盛顿去世的消息传出后，举国哀痛。在国外，英国海军的旗舰一律下半旗致哀；法国的拿破仑下令本国各政府机构的旗帜上一律悬挂黑纱10天。

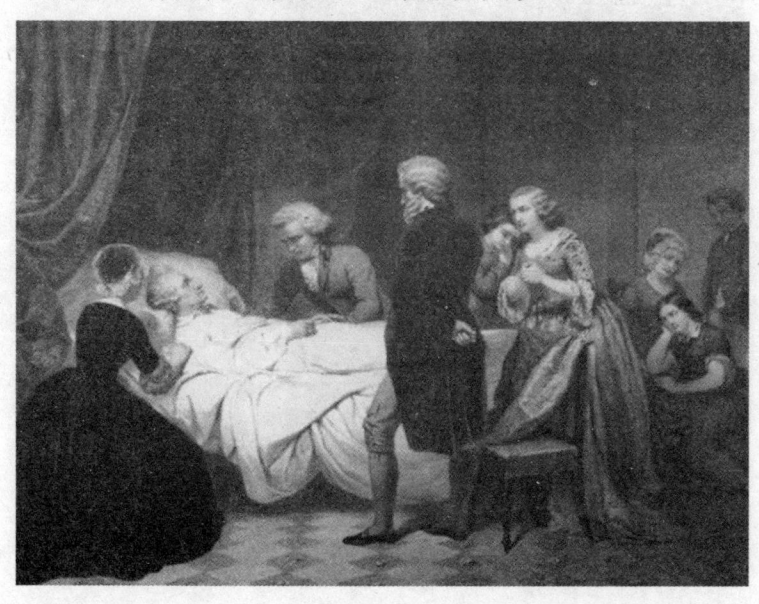

←华盛顿病逝

华盛顿是一名伟大的资产阶级革命家、军事家和政治家。他身上所集中的各种各样的美德,使他在历史人物中独树一帜。

他舍私为公,清正廉洁。在独立战争期间,他体谅国家的艰难,不领薪饷。一切个人费用皆出自自己的腰包,并且还时常贴补军队许多钱。在他辞去军职、隐退庄园期间,宾夕法尼亚州考虑到他为接待四方来客会耗去相当大的开支,因而想敦请大陆会议给他一笔经费。可是华盛顿却坚决地谢绝了,他对自己能够在家继续为国做出贡献而感到满足。在任总统的生涯中,他克勤克俭,秉公办事,不尚奢华。他从来没有亲自去领取他的职务津贴的任何部分,而由负责他的家务开支的那个人来领取和支配。他每季的开支有时超过季度津贴,有时则达不到季度津贴。但是,全年的开支总数都超不过年度津贴总数。他

→ 乔治·华盛顿

美利坚开国元勋 华盛顿

不以权谋私、不以名获利,堪称政治道德上的楷模。

他谦虚谨慎、明智淡泊。由于他功勋卓著、身份特殊,因而许多希望撰写美国革命史的人,都想借阅他手中保存的公家文件。可是华盛顿却严守国家纪律,不徇私情。在大陆会议认为可以向历史学家公开国家档案之前,华盛顿婉言谢绝了有关这方面的要求。有一个人想写一部华盛顿的传记,要求华盛顿给予材料帮助。华盛顿回答说,如果写他的传记而与独立战争不相干,那只会使他感到不快,更谈不上荣耀;他要是提供与此有关的文件和情况,就有追求个人虚名之嫌。他还说:"我宁可听任后人随意对我做出判断,也不愿以我自己的任何行动使我蒙受爱好虚荣或自负的恶名。"华盛顿在任何场合从不谈他在战争中的事迹,就连家人也不例

←华盛顿

← 华盛顿

外。据华盛顿孙女回忆说:"他是个爱深思的沉默寡言的人。他一般很少说话,从不谈自己。我从来没有听他讲过他战时生活中的一件事情。我常常看到他全然出了神,嘴唇在蠕动,但是听不到任何声音。"这种不居功不自傲、不图名不张扬的高尚品德,实在是难能可贵。

他温厚慈祥、平易近人。华盛顿在私人生活中和蔼可亲,体谅他人,毫无架子。旅行家沃森先生到弗农山庄拜访华盛顿时,患了重感冒。华盛顿力劝他服点药,但他就是不听,在上床睡觉后,他的咳嗽加剧了。这位旅行家写道:"过了些时候,我房间的门被轻轻推开,我拉开床帐,看到华盛顿自己手里拿着一碗热茶,站在我床边。"这件小事使沃森感动极了,永志不忘。关怀别人这种美德在华盛顿身上处处可见。在军队驻扎莫里斯城时,华盛顿有一天出席一个宗教集会。那里已摆好了一把供他坐的椅子。在礼拜仪式

美利坚开国元勋　华盛顿

开始前夕，一个妇女抱着孩子走了过来。华盛顿看到这一情景，立即站起来，把自己的椅子让给那位妇女，而自己却在整个礼拜过程中一直站着。还有一次，有人举办了一场私人舞会。正当大家跳得兴致极高的时候，华盛顿走了进来。由于他的功绩和地位，使人们见了他都肃然起敬，因而他一出现，整个舞厅顿时失去了活跃的气氛，大家都鸦雀无声。华盛顿呆了一会儿，竭力设法同一些年轻人攀谈，以打破这种沉闷空气。但他发现这样做无济于事，感到很难过，于是他就退到隔壁房间去与老一辈的人呆在一起。过了一会儿，欢声笑语重新在舞厅中响起。他听到后，小心翼翼地站了起来，踮着脚走到微微开着的门旁，在那里站了一些时候，愉快地看着青年们尽情地旋舞。华盛顿这种通情达理、为人着想的个人风范，这在他的那个时代中是罕见的。

华盛顿的身上还有很多优点，如：立志高远，坚定不移，

← 华盛顿雕塑

政治家卷　121

机敏睿智，温和稳健，遇事明断，主持公道，英勇无畏，坚韧超群，严于律己，宽宏大量……这些优秀品质，作为人类历史的遗产，值得后人学习和借鉴。

综观华盛顿的一生，他有两大历史功绩：一是领导美国人民取得了独立战争的胜利；二是确立了美国1787年宪法，奠定了资产阶级共和制。

美国独立战争是美国人民用暴力推翻英国殖民统治、争取民族解放的民族独立战争，是一次资产阶级革命。它改变了殖民地的政治、经济结构，消除了某些封建残余，完成了民族独立任务，建立起独立自主的资产阶级民主共和国，为资本主义发展开辟了道路。列宁指出："现代的文明的美国的历史，是由一次伟大的、真正解放的、真正革命的战争开始的。"

→国会纪念堂里的华盛顿雕像

(《列宁选集》第3卷，第586页）

美国独立战争的胜利说明：哪里有压迫，哪里就有反抗；被压迫民族的民族解放的潮流是不可抗拒的。只要坚持武装斗争，不折不挠，利用矛盾，孤立敌人，那么，"弱国能够打败强国，小国能够打败大国"。（《毛泽东选集》合订本，第1399页）

美国独立战争推动了欧美革命运动。在美国人民革命精神的鼓舞下，1789年法国爆发了更深入、更彻底的资产阶级革命。在美国和法国革命影响下，1790年西印度群岛海地的黑人发动武装起义，经过十几年斗争，摆脱了法国殖民统治，取得独立；接着拉丁美洲各殖民地人民掀起了波澜壮阔的民族独立战争，粉碎西班牙、葡萄牙的殖民体系。马克思在估价这次战争的国际意义时说："18世纪美

← 华盛顿雕像

←华盛顿纪念碑

国独立战争给欧洲中产阶级敲起了警钟。"(《马克思恩格斯选集》第2卷,第207页)

在国家政体上,华盛顿没有照搬当时风行世界的英国的政治形式——内阁制和单一制,而是独辟蹊径,创立了总统制和联邦制,这是对人类政治文明的一大贡献。1787年宪法所确立的民主原则及其所体现的共和制精神,照亮了人类社会历史发展的进程。

当然,作为一名维护资产阶级和种植园奴隶主利益的代理人,华盛顿也有许多不光彩之处。如:派兵屠杀印第安人、憎恶农民起义;他从人道主义出发,赞成解放黑奴,但他毕竟没有致力于废除奴隶制;他领导制订的宪法具有鲜明的反民主性质,他剥夺了当时绝大部分人的选举权;等等。

尽管如此,华盛顿一生的主要活动,证明了他是

美利坚开国元勋　**华盛顿**

← 中国清政府送美国的石碑　徐继畬撰碑文

一个杰出的资产阶级领袖。列宁指出："判断历史的功绩，不是根据历史活动家没有提供现代所要求的东西，而是根据他们比他们的前辈提供了新的东西。"(《列宁全集》第2卷，第150页)华盛顿缔造了一个新美国，并为美国未来开创了一个良好的起点。他以自己的民主精神和人格风范，为后世津津乐道，誉为楷模。因此，美国人民把他尊称为"国父"。

为了纪念这位伟大的爱国者、民族英雄和领袖，美国人民把首都命名为"华盛顿"。1848年，在首都破土奠基，建造了华盛顿纪念塔。纪念塔的内壁上镶嵌着美国各州、各阶层人民及外国所送的纪念华盛顿的石碑、石刻共190块。其中有一块是当时中国清政府所送，上

→总统山华盛顿头像

美利坚开国元勋　**华盛顿**

→华盛顿雕塑

面用中文镌刻着这样的评语："华盛顿异人也,起事勇于胜广,割据雄于曹刘……疆万里,乃不僭位号,不传子孙",表达了中国人民对华盛顿的高度评价。现在这块纪念碑已成了中美人民友谊的历史象征。

美国联邦党国会议员、骑兵上校亨利·李对他的老统帅华盛顿做了如下的评价:"战争时期最著名的将军,和平时期最杰出的领袖,国人心中最伟大的人物。"

历史的丰碑丛书 Li shi de feng bei cong shu